少年司法的
基本概念与制度构建

◎ 于国旦　著

知识产权出版社
全国百佳图书出版单位
—北京—

图书在版编目（CIP）数据

少年司法的基本概念与制度构建 / 于国旦著. —北京：知识产权出版社，2019.6
ISBN 978-7-5130-6525-2

Ⅰ.①少… Ⅱ.①于… Ⅲ.①青少年犯罪—司法制度—研究—中国 Ⅳ.①D926.8

中国版本图书馆 CIP 数据核字（2019）第 217150 号

责任编辑：崔开丽　　责任校对：谷　洋
封面设计：韩建文　　责任印制：刘译文

少年司法的基本概念与制度构建

于国旦　著

出版发行：	知识产权出版社有限责任公司	网　　址：	http：//www.ipph.cn
社　　址：	北京市海淀区气象路 50 号院	邮　　编：	100081
责编电话：	010-82000860 转 8377	责编邮箱：	419916161@qq.com
发行电话：	010-82000860 转 8101/8102	发行传真：	010-82000893/82005070/82000270
印　　刷：	三河市国英印务有限公司	经　　销：	各大网上书店、新华书店及相关专业书店
开　　本：	880mm×1230mm　1/32	印　　张：	6.875
版　　次：	2019 年 6 月第 1 版	印　　次：	2019 年 6 月第 1 次印刷
字　　数：	155 千字	定　　价：	39.00 元

ISBN 978-7-5130-6525-2

前　言

少年司法制度产生于美国。这一制度的产生既有一定的社会历史背景，也有深厚的理论基础，它是对传统刑事司法制度的一次革新，有着自身的价值目标和追求。在我国[①]的法律制度和文化传统下，对这一制度的理解不应当是望文生义式的，而应当在“原产地”法律制度的现实背景下去考察，对少年司法制度中一些概念的理解也不应简单地套用我国现有的法律概念。但一些现实原因的存在，或许阻碍了我们对这一制度的正确认识和理解。

首先，少年司法制度是一种司法制度，而我们对于司法制度存在着多种不同的认识和理解。在理解和把握少年司法制度时，应采用最接近于“司法制度”本身含义的方法来进行。少年司法制度的核心在于司法裁判，即由享有司法权的国家机关（少年审判组织）来对有关的少年罪错行为进行审理，判断涉案相关事实是否存在，是否需要国家介入，对罪错少年采取必要的措施，进而作出司法裁

① 由于我国香港、台湾和澳门地区有着各自独特的少年司法制度，因此，为了方便阐释，本书中“我国的法律制度”“我国的少年司法制度”等关于“我国”的叙述一般仅适用于内地，不包括我国香港、台湾和澳门地区的相关法律和制度。

判，以期达到少年司法保护少年、使少年健康成长的目标，避免罪错少年发展成为成熟的、真正的犯罪人。考察美国少年司法的发展历程可以发现，其最初从成年人刑事司法制度脱离出来，是为了避免成年人刑事司法制度对罪错少年的不利影响，出于对罪错少年利益的考虑，为他们设计出独特的处遇措施。这一时期的少年司法具有很强的福利色彩，但对少年的相关罪错行为依然是由司法机关作出裁判。其后，随着一系列典型案件的出现，少年司法的福利色彩被逐步削弱，司法制度的保障功能逐步被强化。这是因为，福利色彩过于浓厚的少年司法不利于保障涉案少年的诉讼权利，反而会侵害其权利，不利于其成长。在这期间，通过诸多判例，罪错少年获得了一系列成年人享有的诉讼权利，少年司法制度作为独特的司法制度，其注重权利保障的制度特征更为明显。近些年来，随着一些严重少年罪错行为的出现，少年司法制度有重新“成年人刑事司法制度化”的趋向。尽管少年司法制度有其自身的特征，也经历了不同的发展阶段，但是少年罪错案件都由司法机关进行裁判，并作出终局性裁决，这一点自始没有改变。

的确，对于少年罪错，不同国家或地区采取不同的方式予以处理。每一种方式可能都会具有一定的合理性，一个国家或地区采取哪种方式应对少年罪错，与其现实情况有关。例如，在某些国家或地区，由社会福利机构处理少年罪错，就可以对这一社会现象进行有效应对；在另一些国家或地区，可能由行政机关对少年罪错进行应对会更为有效。但是，将所有应对少年罪错的制度都称为少年司法制度并不妥当，这会导致混淆少年司法制度和其他应对少年罪错法律制度的界限，也会导致曲解这一法律制度本身，忽略其本身的价值所在。在我国，可能就存在将所有应对少年罪错的法律制度都纳入“少年司法制度”的现象，这一现象之所以存在，其原因就在于对司法制度的不同理解。

其次，能够使少年司法制度得以建立的法律规范是少年法，而少年法本身的内涵相对不明，其外延也相对模糊，人们对能够确立少年司法制度的少年法也有不同认识。对少年法的理解不同，也可能导致对少年司法制度产生不同的认识。在少年司法制度产生前，是没有独立的少年法的，或者说，没有能够确立少年司法制度的少年法。美国伊利诺斯州少年法的出现，更准确地说应该是《少年法院法》，使少年司法制度得以建立，它是少年司法制度存在的法律基础。确立少年司法制度的少年法应当具有哪些特征？第一，这一法律必须独立于成年人刑事法律。如果有关少年罪错的法律依然依附于成年人刑事法律，独立的少年司法制度就不可能存在。第二，这一法律必须有自身的核心概念和范畴。没有自身的核心概念和范畴，少年法就没有独立存在的可能。考察不同国家或地区确立少年司法制度的少年法可以发现，少年审判组织、审判对象、管辖范围、保护处分、保护程序、社会调查、转向、舍弃管辖等构成了少年法的核心概念和范畴[①]。正是这些核心概念和范畴，体现出社会对少年独立社会和法律地位的认识，也体现出少年司法的独特价值追求，才使少年司法制度成为一个独特的司法制度。第三，这一法律必须为少年审判组织作出裁判提供程序性规则。如果少年法无法为少年审判组织提供裁判规则，就无法确立少年司法制度。

在美国《少年法院法》产生之后，其他一些国家和地区纷纷效仿，同时，伴随着对少年更为深入地认识，少年法所包含的内容也逐步扩张，许多国家和地区将诸如少年保护、少年福利、少年教育等内容也纳入少年法之中。由此，就内容而言，少年法呈现出一个由单一到综合的发展过程。对于能够确立少年司法制度的少年法究竟是怎样一部法律，在其他国家和地区或许不是一个问题，但在我国，却存在若干不同认识。我国有多部有关少年的法律，例如《中华人民共和国刑法》（以下简称《刑法》）、《中华人民共和国刑事诉讼法》（以下简称《刑事诉讼法》）、《中华人民共和国未成年人保护法》（以下简称《未成年人保护法》）、《中华人民共和国预防未成年人犯罪法》（以下简称《预防未成年人犯罪法》）等，于是出现了一个认识倾向：我国既然有关于未成年人及处理未成年人违法犯罪的法律，那就不能认为我国没有少年司法制度。因

① 能够确立少年司法制度的少年法应当包含哪些核心概念和范畴，是一个需要进一步研究的问题，不同的人或许有不同认识。

此，如果说我国的少年司法制度存在问题，那也只是改革和完善的问题，而不是全新构建的问题。这种倾向实际上是错误的。考察我国有关少年的各种法律就可以发现，这些法律要么依附于成年人刑事法律，要么规定的内容没有涉及少年司法制度的核心概念和范畴，要么无法为司法机关作出裁判提供程序性规则，无法成为少年司法制度存在的法律基础。这些法律只是关于少年的法律，不是使少年司法制度得以建立的少年法。基于此，应当明确能够确立少年司法制度的少年法的基本特征，明确少年法的核心概念和范畴，否则，就不可能对少年司法制度形成正确认识。

最后，对少年司法制度的正确理解，还受到法律文化、法律概念和语言差异的影响。除了法律文化和法律概念的差异外，语言差异也阻碍了我们正确认识少年司法制度。少年司法制度原产于国外，有自己独立的概念和范畴。这些概念和范畴如何翻译为中文，也是一个重要问题。例如，就少年审判组织的管辖范围这一问题而言，各国规定并不相同。其中的一些情形，实际上没有现成的中文概念相对应，如何翻译成中文，形成一个概括性称谓就颇为困难。美国少年司法中的“Delinquency”和日本法中“非行”就属这种情形。在我国语言环境下，如果用现有的法律概念，这两个词就只能被翻译成“少年犯罪”，或者“少年违法犯罪”。在我国，一般情形下人们认为，犯罪就是违反刑法规定的行为，违法是违反刑法以外的其他法律的行为。那么，将“Delinquency”和“非行”翻译成少年犯罪，就意味着它与刑法规定的犯罪的差别仅仅在于实施的主体不同而已，而在性质上似乎没有什么不同，在法律后果上也没有什么实质性差异。但实际上，将“Delinquency”和“非行”翻译成“少年犯罪”或“少年违法犯罪”并不准确。“Delinquency”和“非行”，既不是我们理解的违法，也不是我们理解的犯罪，它有其自身的含义和性质。当犯罪行为由成年人实施时，它们就是犯罪，但当它们由少年实施时，就是“Delinquency”，就是“非行”。一方面，这显示出人们对于少年行为性质的认识，即认识到少年的行为和成年人的行为有着本质不同，包括违反刑法的行为，尽管从外观上看上去行为似乎是完全相同的。因此，如果用成年人的“犯罪”去指称少年的“Delinquency”或“非行”，就意味着将成年人的“犯罪”和少年的“Delinquency”或“非行”等同对待，就将成年人的行为和少年的行为混为一谈，这最终会导致无法将成年人和少年区分开来。另一方面，认识到少年的行为和成年人的行为存在性质上的不同，无论就少年的社会地位还是法律地位而言，都不能将少年与成年人等同对待。如果赋予少年和成年人以相同的社会和法律地位，那么对于少年的“违法犯罪”就可以适用与成年人相同的法律应对措施，对成年人适用的刑罚和保安处分，也就可以适用于少年，如此一来，就没有必要建立独立的少年司法制度了。

因此，在少年司法制度的一些核心概念和范畴的翻译问题上，如果我国现有的概念能够准确描述出相对应的国外的概念的基本内涵，我们就可以使用现有的概念。但在现有的概念无法准确描述对应国外概念的内涵及其体现出的意义和价值时，就不应采用现有的概念，而应当创造性地使用新的概念或者赋予既有概念以新的涵义。这种情形下，如果生硬地使用现有概念而不做任何解释和说明，就可能误解相关概念的涵义。建立在这种被误解了的概念基础上的“少年司法制度”，固然也可以说是“少年司法制度”，但这已经与其他国家或地区的少年司法制度相去甚远了，也不能达到少年司法制度被赋予的使命和价值。

明确少年司法制度的性质是一种司法制度，分辨能够确立少年司法制度的少年法的类型及其包含的基本概念和范畴，廓清少年司法的基本概念和范畴，对我国少年司法制度的建设或有参考价值。

目录 Contents

第一章

少年司法制度：概念与基本理念

第一节　少年司法制度的概念

一般认为，少年司法制度产生于19世纪末20世纪初的美国。在此之前，对于违反刑法的少年，人们一直都将其视为成年犯罪人，与成年犯罪人作相同对待，如果法院判定涉案少年应当承担刑事责任，则施加于成年人的刑罚同样可以施加于涉案少年。追究少年犯罪[①]的程序和追究成年人犯罪的刑事诉讼程序基本上没有什么不同，而没有独立的少年司法制度对少年犯罪进行处理。随着拯救儿童运动的兴起、国家亲权思想的复活以及教育刑理论的勃兴，少年司法制度得以产生并从成年人刑事司法制度中独立出来，成为一种由少年司法组织按照特殊的程序对少年罪错进行处理的司法制度。与此同时，少年司法制度作为一种法律制度和理论体系也逐步建立和完备了自身的概念体系，例如少年罪错、保护程序、保护处分等，具有了自身的特殊性。与成年人刑事司法制度相比较而言，少年司法制度是独立的少年司法组织依照特殊的程序对少年罪错进行裁判的一种特殊的司法制度。少年司法制度的核心是

① 在我国，由于对少年司法制度所针对的不同事项，存在着各种各样不同的称谓，除“少年罪错”外，在参考、引用一些资料时，本书中也会出现诸如“少年违法犯罪”“少年犯罪”等用语。由于各国或地区使用的用语也不相同，在引用相关资料时，本书中也会出现少年非行、少年事件等用语。关于“少年罪错”，本书将在第三章作详细论述。

对少年罪错的司法裁判。

少年司法是一个独特的制度体系，这一制度体系主要由独立于成年人刑事法律的少年法予以确立。而少年法由一系列核心概念和范畴组成，其中少年罪错、保护处分、保护程序、少年审判组织等是核心概念，这些核心概念和范畴，都在少年法中予以明确规定。

需要指出的是，对少年司法制度的正确理解和把握，应当在已经建立这一制度的国家的法律制度背景下来进行，不能生硬地用我国法律制度中现有概念来理解产于国外的少年司法制度。即使要用现有概念来理解少年司法制度，也需要赋予这些概念以新的含义。

一、作为司法制度的少年司法制度

尽管少年司法制度有着不同于成年人刑事司法制度的特殊内涵，但考察少年司法制度的产生和发展过程可以发现，它是在司法制度作为一种社会制度建立之后才产生的，司法制度尤其是刑事司法制度的建立为少年司法制度的产生提供了制度基础。这就为我们提出了这样的问题：少年司法制度与产生于其中的成年人刑事司法制度有何关系？是否能够离开司法制度的基本特征而对少年司法制度的实质做出正确认识？解决上述问题的关键是要准确理解少年司法制度。首先，需要对司法制度有一个正确理解，否则，对于少年司法制度的理解就可能是片面的，甚至会面临歪曲这一制度的危险。其次，作为一种司法制度，相比较于成年人刑事司法制度而言，少年司法制度有其特殊性。本章从作为司法制度核心的司法权的角度对少年司法制度进行一番考察，旨在说明少年司法制度的本质是一种司法制度，是一个针对少年罪错的特殊司法制度。

1. 司法制度概说

司法制度，简单地说，就是司法机关运用司法权进行司法活动的制度。[①]“司法”“司法权”“司法机关”等概念构成了这一制度的基本内容。在这些概念中，司法权居于核心地位，因为“司法以司法权的享有为基础”[②]，司法机关则是享有司法权的机关。对于司法权的理解决定着对司法、司法机关的理解。因此，司法制度的关键在于司法权。但是，究竟什么是司法权，在不同的法律文化和制度背景下可能会出现完全不同的解释和答案。

（1）司法权的性质。

在西方国家，一般认为司法权是与立法权、行政权相并立的第三种国家权力。立法权是创制法律规范的权力；行政权是对公共事务进行管理的权力；司法权则是对具体案件进行裁判，并通过将一般的法律规范适用到个案之中，解决已经发生的争端的权力。因此，“司法权往往被直接称为司法裁判权”[③]。司法权的本质是一种裁判权。

① 陈业宏、唐鸣著：《中外司法制度比较》，商务印书馆2000年版，第8页。

② 王利明著：《司法改革研究》，法律出版社2000年版，第8页。

③ 陈瑞华：“司法权的性质——以刑事司法为范例的分析”，载《法学研究》，2000年第5期。

与立法权和行政权相比，司法权的这种性质实际上是非常清楚的。

从司法权的行使过程上来看，司法裁判是“法院或者法庭将法律规则适用于具体案件或争议”[①]，具体地说，就是“享有司法权的机构、组织或者个人，针对申请者向其提交的诉讼案件，按照事先颁行的法律规则和原则，作出一项具有法律约束力的裁决结论，从而以权威的方式解决争议各方业已发生的利益争执的活动”[②]。

如果将司法裁判作为一个动态的过程来看待，其基本要素有三个方面。第一，就司法裁判产生的前提来看，存在着发生在双方或者多方之间的利益争端，这种利益争端有民事争端、刑事争端、行政争端等。第二，就解决争端的主体来看，是争端一方或双方将争端提交给享有司法权的机关，由该机关作为独立于争议各方的第三方，参与并主持对争端的解决。由作为第三方的裁判者参与和主持争端的解决，是司法裁判活动有别于其他争端解决方式的重要特征。这不仅将司法裁判活动和古代的私力救济区别开来，使人类摆脱了诉诸暴力、私刑等野蛮方式解决争端的习惯，而且将司法裁判与和解、仲裁、调解等争端解决方式区别开来，因为司法裁判具有彻底的解决争端的作用，

① 邓正来主编：《布莱克维尔政治学百科全书》（中译本），中国政法大学出版社1992年版，第6页。

② 陈瑞华：“司法权的性质——以刑事司法为范例的分析”，载《法学研究》，2000年第5期。

争端一经进入司法裁判程序，拥有终审权的司法裁判机关所作的生效裁判结论，无论争端各方是否同意，都必须接受并服从该司法裁判，否则将会导致法律强制执行的不利后果。第三，就解决争端的程序来看，裁判者作为独立的、中立的第三方参与并主持争端的解决，争端双方同时参加，并通过言辞争辩的方式对裁判方施加影响。对于争端涉及事实的认定，争议各方要向裁判者提交证据；对于争议涉及的法律问题，争议各方则要向裁判者提交法律方面的论据。裁判者在听取各方证据的基础上，作出裁判结论，以解决争议各方的争端。

（2）司法权的功能。

西方国家将国家权力分为立法权、行政权和司法权，其目的在于通过权力之间的相互制衡，最大限度地防止权力滥用，以保障公民的基本权利不受侵害。就司法权而言，其功能即在于以权威的方式解决已经发生的争端，这个过程即司法裁判。司法裁判是通过实体性裁判和程序性裁判来发挥其功能的。

第一，实体性裁判。实体性裁判是“针对案件所涉及的实体性法律问题所进行的裁判活动”①。司法权是一种裁判权，旨在解决业已发生的利益争端，由于争端的内容并不相同，有民事争端、行政争端、刑事争端和宪法争端

① 陈瑞华：“司法权的性质——以刑事司法为范例的分析”，载《法学研究》，2000 年第 5 期。

之分，因此，实体性裁判在各种争端的解决中，其表现也不尽相同。例如，在刑事诉讼中，实体性裁判就是法院就被告人的犯罪事实和刑事责任问题作出终局性判决的活动，法院为此将对检察机关对被告人提出的指控进行审判，从而在法律上解决国家与个人之间已经发生的刑事争端；在行政诉讼中，作为相对人的个人因为不服从作为管理者的行政机关的行政决定，从而向法院提出进行司法审查的请求，以就行政决定的合法性和合理性进行审查；在宪法诉讼①中，个人、组织或者机构认为某一国家权力机关的行为对自己的权利造成非法侵害，而向法院就此行为的合宪性进行司法审查，即宪法诉讼中的实体性裁判。无论在哪种诉讼形式下，实体性裁判都是在法庭的审判阶段作出的。

第二，程序性裁判。与实体性裁判不同，程序性裁判是“司法机构就诉讼中所涉及的事项是否合乎程序规则所进行的裁判活动”②。“这种程序性裁判既可能发生在法庭上的听审阶段，也可能发生在审判前的准备阶段，甚至还可能发生在判决执行阶段”③，例如，在美国，在审判前阶段，警察对公民实施逮捕、搜查或者扣押等强制行为，

---

① 我国至今还没有宪法诉讼的相关规定，但其他国家如美国、德国有宪法诉讼。

② 陈瑞华：“司法权的性质——以刑事司法为范例的分析”，载《法学研究》，2000 年第 5 期。

③ 陈瑞华：“司法权的性质——以刑事司法为范例的分析”，载《法学研究》，2000 年第 5 期。

一般都必须事先向治安法官提出申请，并说明实施逮捕和搜查的正当理由。只有在治安法官经过审查并发布有关的许可令状之后，警察才能实施具体的逮捕、搜查、扣押行为；在审判阶段，法官可就一方提出诸如证据可采性、请求合法性、举证适当性等方面的异议，根据各种程序规则和证据规则作出裁判；在执行阶段，如法院可就执行机关提出的对某人予以减刑、假释、保外就医等事项作出裁判。

司法裁判正是通过实体性裁判和程序性裁判来达到限制国家权力、保障人权的基本目的。一方面，它为各种各样的权利提供了一种最终的救济机制；另一方面，它也为国家权力出现滥用和专横设置了最后一道障碍，“必须拥有一个奉行法治、保障个人与机构自由的独立的司法制度，以对国家进行程序性和实质性双重制约，从而从根本上保护公民免受高位政治机构、官僚、警察、军队、富人、权贵的专断及非正义决定”①。

为了更好地限制国家权力、保障集权，掌握司法权的司法机关应当独立作出裁判。司法机关只有在不受其他国家机关的影响和干预，且法官在审理案件时，不受其他机关和个人的干涉，只依照法律独立对案件作出裁判时，才能保证裁判结论的公正性，才能保障公民权利不受侵害。

---

① 邓正来、[英] J. C. 亚历山大主编：《国家与市民社会：一种社会理论的研究路径》，中央编译出版社2002年版，第32页。

（3）对司法权的限制。

司法权的存在尽管为权利提供了一种最后的救济机制，限制了国家权力的不当使用，但是，司法权作为国家权力的一种，其自身同样存在被滥用的危险，从而有可能对公民的权利造成损害，因此，对司法权进行限制同样是必要的。对司法权的限制是通过实体性限制和程序性限制两个方面来实现的，即无论司法机关作出的是实体性裁判还是程序性裁判，都要首先根据实体性规则作出，“只有法律才能为犯罪规定刑罚。只有代表根据社会契约而联合起来的整个社会的立法者才拥有这一权威。任何司法官员（他是社会的一部分）都不能自命不凡地对社会的另一成员科处刑罚。超越法律限度的刑罚就不再是一种正义的刑罚。因此，任何一个司法官员都不得以热忱或公共福利为借口，增加对犯罪公民的既定刑罚”①。而且，裁判的作出必须严格依照法律规定的程序进行。在这里，司法裁判的依据和程序早在立法阶段就已形成。

第一，实体性限制。对司法权进行实体性的限制是通过司法裁判必须依照实体法的规定作出来实现的。在此，笔者将通过刑事纠纷的司法裁判为例作出解释。在刑事诉讼中，对于检察机关提出的刑事争议，法官在进行裁判的过程中，不得在任何情况下以刑法外的理由判断一个行为

① ［意］贝卡里亚著：《论犯罪与刑罚》，黄风译，中国大百科全书出版社1993年版，第11页。

是否构成犯罪或者犯罪的轻重，即法官判断被指控者的行为是否构成犯罪、构成何种犯罪及应当判处何种刑罚、多重的刑罚都只能根据刑法的规定。这样，国家的刑事司法权的运用就被限定在刑法的范围之内，正是在这个意义上，罪刑法定原则于彰显出其全部内容和实质。因此，尽管刑法规范的是犯罪及其刑罚，但它针对的对象却是国家，“刑事法律要遏制的不是犯罪人，而是国家”①。刑法为刑事司法权的运用设置了藩篱。

第二，程序性限制。对于司法权的限制不仅有实体性的限制，更重要的是司法裁判的作出必须严格遵循一定的程序。在司法权的运作过程中，程序是实现保障人权目的，达到平等、公正目标的重要保证。

在对司法权的基本问题做出上述的探讨之后，可以说，司法制度实际就是通过法院运用司法权，按照既定的实体性规则和程序性规则以权威的方式解决存在的争端的法律制度，这种制度设计的目的在于对国家权力进行一定程度的限制，以利于人权保障。

2. 少年司法制度的本质是司法制度

从少年司法制度的名称上就可以看出，尽管少年司法制度有其特殊理念和内涵，但其本质依然是一种司法制度。就此而言，少年司法制度和司法制度的关系是十分清

---

① 李海东著：《刑法原理入门（犯罪论基础）》，法律出版社 1998 年版，第 4 页。

楚的。但是，对于少年司法制度的本质是司法制度，依然需要从这一制度的产生历史及司法权的权利保障机能等方面进一步明确。

从社会现实来看，一方面，少年犯罪是一个不可否认的社会存在，在一定时期还有可能表现得十分严重，是一个国家“犯罪问题”的重要组成部分，需要采取一定的措施予以应对；另一方面，在应对少年犯罪的过程中，又要对犯罪的少年予以特殊保护，不能对他们的成长造成不利影响。但问题在于，在对少年犯罪进行应对的过程中，能否忽视其基本权利，由任何机关不经正当法律程序就可以对犯罪的少年施以“保护”而使得其权利处于被侵害的危险之中？实际上，少年司法制度并没有离开作为司法制度的权利保障功能。少年法院的产生是少年司法制度诞生的重要标志。但是，“少年法院仍是司法系统的组成部分，而不是脱离司法系统之外的新类事物。诞生之初，少年法院带有很强烈的福利色彩，不必严格适用正式程序，法官具有几无限制的自由裁量权。虽然这些设计的初衷是将犯罪的儿童从成人司法系统和监狱中解救出来，但如美国学者所言，这一初衷从未真正实现过。正因如此，20 世纪 60 年代少年法院的非程序性受到前所未有的批判，认为其没有保障当事人受正当程序保护等诉讼权利，因而进行了一系列司法化的变革。从这一转变可以看出，未成年人司法规律不能脱离司法规律的一般性，少年法院应当首先符合中立、公正、权威、专业等特征，既要做好证据审查和事实认定等工作，也要重视程序正义，保障未成年被告人的诉讼权利，最大限度地避免无辜的未成年人被错误定罪"[①]。可以看出，无论从产生还是发展来说，少年司法制度都没有离开对少年权利的保障，甚至可以说，少年司法制度是在保障少年权利的基础上产生和发展起来的。在此，笔者以美国少年司法制度的产生和发展为例对此做一说明。

在19世纪之前的美国，对于少年触犯刑罚法律的行为的处理并没有专门适用的法律，而是适用成年人刑事法律。但不断的城市化和工业化导致青少年犯罪大量增加，人们开始认识到国家应该对少年的诸如懒惰（Idleness）、酗酒（Drinking）、流浪（Vagrant）、逃学（Runaway）等行为进行更为宽泛的干涉，以防止这些少年在犯罪的道路上走得更远。在儿童拯救者们的努力下，一些旨在为儿童提供照顾的机构首先得以建立。1825年，纽约率先设立了纽约避难所（The New York House of Refuge），以便对儿童进行收容和救助，纽约避难所因而具有矫正和教养机构的性质。纽约州设立的"避难所是第一个对少年予以正式的社会控制的专业机构，且于此，少年矫正机构的隔离先于其司法体系的分立"[②]，在纽约设立避难所之后，类似的

① 宋英辉、苑宁宁："未成年人罪错行为处置规律研究"，载《中国应用法学》，2019年第2期。

② ［美］巴里著：《少年司法制度》（第二版），高维俭等译，中国人民公安大学出版社2011年版，第2页。

机构在马萨诸塞州等地相继建立。按照这些机构设立者的初衷，建立这些收容机构是出于孩子最佳利益（Best interest of child）的考虑，防止他们实施更为严重的犯罪行为，并为他们的成长提供一个良好的条件。而且，收容机构的设立，引起了应对少年罪错法律制度的变化，一是在少年犯和成年犯之间作出了正式的以年龄为基础的区分，并将少年犯罪人收容于独立的机构；二是将收容救助的对象扩展于失去照管和不服从管教的儿童；三是不定期的收容期限，即对收容救助不设固定的期限，而采用不定期的方式，由救助机构根据少年犯的情况调整收容期限。这些变化在过去是没有出现过的。

由避难所、救助院等的设立可以看出，在少年司法制度产生发展的过程中，收容机构先于独立的少年法院的产生。如果以独立少年法院的产生作为少年司法制度产生的标志，那么，少年矫正机构的产生就为少年司法制度的产生提供了一个事实上的基础。

但是，收容机构的设立也引起了一些问题。在这些收容机构设立之后，不仅法院可以不经正当的法律程序将触犯刑罚法律的少年和失去教养的少年送入这些机构，甚至收容机构本身也能直接行使像父母控制自己孩子一样的权利，对失养失教的少年直接进行收容。而且，一旦收容机构接收了一个孩子，任何法律程序就不再适用。

随后，人们注意到，这些收容机构的运作方式实际上和成年人监狱没有太大区别，例如都有工作时间表、学习时间表、严格的纪律、根据性别严格分开等，相关少年的自由同样受到了限制。在这个意义上，相关少年受到了监禁，尽管这种监禁被宣称是出于保护少年的目的。因此，收容机构这种没有经过正当法律程序即将孩子带离父母、收容于收容机构的做法遭到了一些人包括孩子家长的反对。1838 年，一个孩子的父亲试图将他的女儿从费城收容院里解救出来，但该收容院宣布，对于这个孩子其有像她的父母一样的对她的监管权利，因为这个孩子有难以管理的行为（Unmanageable behavior）。但孩子的父亲坚持认为对他女儿的行为没有经过陪审团的审理是违宪的。在这个案件中，法院认定，设计特殊的收容院的目的是改造和保护孩子，以使他们脱离他们堕落的父母和腐化的环境。为了孩子的利益，没有经过审判的程序是合法的，法院宣称："父母对孩子的监护权是自然的，但并非不可转让的。"这样，法院的判例就给了收容机构介入父母和孩子关系的完全权利，并且表明，儿童不享有宪法赋予成人的各项权利。[①] 这个案件尽管以孩子家长的失败而告终，但这些收容、教养机构径自将孩子予以收容的做法开始受到人们的质疑。

1870 年，美国伊利诺斯州法院以 Daniel Connell 到处流浪和贫困，没有得到家长的很好照顾为由，判令其进入

---

① Larry J. Siegel and Joseph J. Senna：*Juvenile Delinquency*. West Publishing Company，p384.

芝加哥少年教养学校（Chicago Reform School）。这一判决遭到孩子父母的强烈反对，他们认为 Daniel Connell 并没有被确认有罪，却被逮捕和拘禁，且该逮捕令状是为了一个越轨行为（Misconduct）而发出的。在本案中，核心的法律问题是一个少年在缺乏犯罪行为的前提下能否被裁决送入教养学校，或者说，一个少年能否仅仅因为他的单纯的越轨行为而被送入教养学校。在随后的上诉中，法院裁定将 Daniel Connell 释放。审理此案的 Thornton 法官在判决中说："裁定的令状并没有表明逮捕是为了刑事罪行（Criminal offence）而做出的，因此，我们推断它是为越轨行为而做出的。"仅仅因为少年的越轨行为就对其实施逮捕并将其送入教养学校最终被判定是违宪的。作为该案的结果，芝加哥少年教养学校在 1872 年被迫关闭。[①]

少年避难所和少年收容所的设立显示出美国为了应对少年罪错而做出的努力，即尝试着采取不同的方式处理少年罪错，但这些尝试也受到了诸多挑战。这些挑战主要表现为对一些有罪错、失养失教的少年能否不经法律程序和审判就可以送进收容机构，换言之，这些尝试是否会导致对罪错少年权利的侵害？

然而，这些挑战并没有阻止少年司法制度的向前发展。在为儿童单独设置法院思想的推动下，世界上第一

---

① Larry J. Siegel and Joseph J. Senna：*Juvenile Delinquency*. West Publishing Company，p381.

个少年法院于 1899 年 7 月 1 日在美国伊利诺斯州创立。少年法院的创立反映了人们对少年儿童及其不良行为的重新认识，也反映了法院在应对少年罪错时角色的转换。少年法院被看作慈善的、非惩罚性的以及治疗性的，开始了一种代替传统司法体系的带有福利性质的新型司法体系。

伴随着少年法院的创立，一系列新的制度设计开始出现，并使得少年司法制度最终得以确立。首先，少年法院作为一个独立的司法机构的地位得以确立。其次，少年法院裁判的对象包括少年非行（Juvenile delinquency）和不良行为（Status offence）。少年罪错从而成为一个法定概念。第三，少年法院对少年非行和不良行为可以适用的保护性处遇。第四，少年法院审理少年案件所应当遵循的程序。这样，少年法院就有了独立的对少年罪错进行审理和裁判的法律依据，除了由少年法院依照少年法院法所规定的程序对少年罪错进行审判、施以相当处遇以外，任何人对罪错少年都不能施以任何处分，即使这种处分是为了保护少年的利益。

美国伊利诺斯州少年法院建立之初，其在处理少年罪错案件的过程中所遵循的程序相当松弛，法官也不是通过选举产生，该少年法院更像是一个社会福利机构，遵循着福利机构的工作原则，其工作人员也要具备相关的青少年问题的知识，同时要求具有诊断的技能，在工作中需运用不同的社会服务的替代办法来取代传统的刑事惩罚。[1] 少年法院的法官采取一种非正式的、自由裁量的程序来对少年罪错的成因做出诊断，并寻找相应的解决问题的办法并适用刑罚之外的矫治措施。在审理少年罪错案件的过程中，律师和陪审团都被排除在外。总的来看，这一时期少年法院更像一个福利机构，其运作方式基本排除了程序安全保障。但是，它毕竟将对罪错少年施以各种收容保护措施的权力归属于法院，排除了其他国家机关运用这种权力的可能，使这种制度成为一种司法制度，尽管这种制度的权利保障机能被严重弱化。当然，在这一时期，少年法院也并非没有面临任何挑战和批评，但这些挑战并没有引起足够的重视且被轻易排除。

直到20世纪60年代，真正的挑战开始出现。在1967年的高尔特案中，美国联邦最高法院赋予了少年在罪错案件审判中的一些宪法性程序权利，从实质上将少年法院从一个社会福利机构转变成了一个更为正式的法律机构。

高尔特案涉及一个少年的越轨裁决和监禁判决，该少年叫杰拉尔德，其被怀疑向邻居打了一个色情电话，该邻居称该电话“具有令人恼怒的侵犯性，是少年所为，是关于性方面的”。15岁的杰拉尔德因此被拘押一晚且没有通知其父母，并在第二天接受审理。缓刑官提交了一份诉请

① 刘强编著:《美国刑事执法的理论与实践》，法律出版社2000年版，第108页。

宣称，杰拉尔德是一个需要法院照料和监管的越轨少年。控方证人没有出庭，且法官没有听取任何经过宣誓的证词，也没有对庭审过程进行记录。在庭审中，法官就打电话一事对杰拉尔德予以了问话，而他明确做出了否认的回应。该法官既没有向杰拉尔德及其父母告知其保持沉默、获取律师辩护的权利，也没有为其指定辩护律师。庭审结束后，杰拉尔德被押回拘留室。在一周后的处置审理中，该法官将杰拉尔德判入州立工读学校（the State Industrial School），"及于其未成年期（至21岁），除非经由法律正当程序而更早获释"。如果杰拉尔德为成年人，其可能获得的判决结果为不超过50美元的罚金或2个月的监禁。然而作为一名少年，他被判处的监禁长达6年，及于其整个未成年期。①

尽管少年司法制度的运行是为了教育、矫治有罪错行为的少年，以使其重新回归社会，更关注的是他们的被监护权，而不是自由权。但高尔特案的发生使美国联邦最高法院开始关注少年司法制度本身所具有的惩罚性，关注宪法上正当程序的放弃，而这种放弃的结果往往导致法院的恣意妄断，对罪错少年的正当权利会造成损害。基于此，美国联邦最高法院确立了在处理少年罪错案件时，罪错少年获得公平待遇所必要的一些基本权利保障。这些基本权

---

① ［美］巴里著：《少年司法制度》（第二版），高维俭等译，中国人民公安大学出版社2011年版，第8页。

利包括：获得指控罪名提前告知的权利、获取公平与非歧视审理的权利、获取律师帮助的权利、获取与证人对质及交叉盘问机会的权利，以及避免自证其罪的特权。[①] 高尔特案之后，在温希普案中，美国联邦最高法院裁定，国家对于少年罪错行为的标准必须达到“排除合理怀疑”的标准，而不是较低层次的民事证明标准。由此，美国联邦最高法院确立了少年罪错诉讼中的排除合理怀疑的证明标准，以防止缺乏事实依据的有罪判决，防止国家权力的滥用。

但是，在高尔特案中，美国联邦最高法院并没有将刑事被告人的所有权利都赋予罪错少年，上述权利的适用范围也仅限于决定某少年是否实施了罪错行为的裁决听证会或审判中。温希普案也仅仅是确立了证明标准。美国联邦最高法院始终没有将全部刑事诉讼的程序保障措施赋予罪错少年。尽管如此，不难看出，高尔特案和温希普案的判决在保留少年法院处理和矫治罪错少年能力的基础上，通过程序保障以限制少年法院的权力来保障个人自由，使罪错少年避免受到国家权力的侵害，而这恰恰是司法制度的权利保障机能的体现。将对罪错少年的保护性处分纳入司法裁判的范围之内，并予以一定的程序性的保障，以防止为了“保护”少年而对少年权利造成侵害，这就是少年司法制度作为司法制度的制度价值所在。

① ［美］巴里著：《少年司法制度》（第二版），高维俭等译，中国人民公安大学出版社2011年版，第9页。

二、少年司法制度的特殊性

少年司法制度在性质上属于司法制度，其制度价值侧重于对罪错少年权利的保障，避免受到国家权力的侵害。但是，少年司法制度又具有特殊性，有着对罪错少年进行保护、教育、矫治的特征。少年司法制度的特殊性，不仅来自犯罪学上对少年犯罪原因的科学揭示，也来自刑事法理论中对于责任本质的探讨，是对少年犯罪原因的深刻把握和刑事责任的实质深入理解的结果。少年司法制度的特殊性主要体现在以下几个方面。

（1）设立了特殊的法院（法庭）。

将罪错少年从成年犯罪人中区分开来，做出独立处理，是少年司法制度的应有之义。为了将罪错少年从成年犯罪人中区别出来，充分考虑他们的利益，首先，必须设计出一个不同于成年人刑事法院的专门机构即少年司法组织来处理少年案件；其次，这一机构必须在组织体系上不同于成年人刑事法院；最后，这一机构处理少年案件必须遵循不同于刑法和刑事诉讼法的独特的实体性规则和程序性规则。自从世界上第一个少年法院在美国伊利诺斯州设立以后，其他一些国家和地区纷纷仿效，专门的少年法院陆续产生。

（2）扩大了司法管辖的范围。

除了对少年触犯刑罚法律的行为进行管辖之外，为了防止罪错少年成为日后成熟的犯罪人，司法机关应当提前介入，因而有必要将一些不一定有社会危险性或危害性的行为或品行纳入司法机关的管辖范围之中，这就是各国少年司法制度中所谓的虞犯或身份犯。

（3）设计了独特的程序。

采用不同于成年人刑事程序的独特程序审理少年案件，是将罪错少年从成年犯罪人中区别出来的形式要求。这种程序不仅要对少年违法行为的事实进行调查，但更重要的是对罪错少年的违法原因、个人情况、家庭、社会生活环境进行调查，探明是否需要对罪错少年适用保护性的处分。为了将罪错少年作为一个孩子而不是作为一个“罪犯”来对待，一些国家和地区在少年案件审理程序的设计过程中甚至采用了和成年人刑事诉讼程序完全不同的概念和术语。

（4）采用了教育保护性的处分。

对罪错采用完全不同于成年人的处分是将罪错少年作为一个孩子而不是一个“罪犯”来对待的实质性要求。这种处分的目的已经不在于对罪错的惩罚，而在于对罪错少年的教育。通过对罪错少年生长环境的调整，人格的矫正，使他们能够重新回归社会。在这个意义上，这种处分和对正常少年的教育没有不同，是让少年违法者回归社会的最佳途径。尽管对少年的一些特殊严重的行为进行的处分中也包含着一些微弱的惩罚因素，但这在各个国家和地区的少年司法制度中仅仅是例外。

（5）制定了独立的少年法。

虽然对罪错少年施以各种保护性处遇是出于保护的目

的，但司法机关的介入存在着侵害罪错少年人权的可能，同时，为了将罪错少年从成年犯罪人中区别出来，必须制定出独立适用于罪错少年的专门法律，以显示少年在社会中的特殊地位并对司法权的适用做出必要限制。这种法律即为少年法。

第二节　少年司法制度的基本理念

基本理念是人们对某一问题的基本看法和观点。少年司法制度的基本理念是关于少年司法制度的基本观念和思想，是少年司法制度存在的基石。它不仅决定着少年司法制度的制度构成，而且对少年司法的实践起着积极的指导作用。明确少年司法制度的基本理念，是正确认识少年司法制度的前提之一。少年司法制度的基本理念是保护、保障与保卫的统一。

一、保护

少年司法制度的首要基本理念是对具有罪错行为的少年进行保护。保护的理念源于对少年独特的社会地位以及他们的行为和成年人的行为有着本质的不同的认识。罪错少年作为一个社会群体，是独立存在的，他们有着不同于成年人的生理、心理特征，有着自己特殊的需要，因此，应当从少年的视角来看待他们在成长过程中所遇到的问题，而反对将少年视为客体，从成年人的立场来看待他们的问题。在这种认识的指导下，国家应该“将少年违法者从成年罪犯中区分出来，社会永远都应该将少年违法者作为一个‘孩子’来对待，而不是作为一个‘罪犯’来对待，使他们复归社会而不是惩罚他们是最为重要的目标”[①]。这一基本理念决定了少年司法制度只能以少年的最佳利益为中心，考虑少年的需要，它的一切都应该是为了少年的健康成长。

1. 少年犯罪人与成年犯罪人的分离

少年有独立的生理和心理特征，他们的行为同成年人的行为有着本质的不同，他们的犯罪行为也与成年人的犯罪行为有着本质的不同，因此，应该将少年犯罪人从成年犯罪人中独立出来，对少年的犯罪行为采取不同于成年人的方法予以应对。如果把他们的违法行为看作他们成长过程中所遇到的问题的话，那么他们应当得到的是成人世界的有效保护和指导，这种保护和指导应当能够使他们在将来重新适应成人世界的社会生活。正是在这个意义上，少年司法制度作为一种独立的法律制度得以建立。就制度的建设而言，将少年犯罪人与成年犯罪人予以分离主要体现在两个方面，一个方面是制定具有独立价值、不同于成年人刑法的少年法对少年犯罪做出回应，“关于处理青少年违法犯罪案件的司法性法规，从产生历史上看，其之所以

① Larry J. Siegel and Joseph J. Senna：*Juvenile Delinquency*. West Publishing Company ，p6.

有独立存在的价值，是因为它以普通刑法的例外法的地位而起作用。如果不具有这种例外法地位，它本身就失去了存在的价值，因为普通刑法就足以解决问题”[①]。另一个方面是扩大了司法管辖的范围。除了对少年触犯刑罚法律的行为进行管辖之外，为了防止少年犯罪人成为日后成熟的犯罪人，司法机关应当提前介入，因而有必要将一些不一定有社会危险性或危害性的行为或品行纳入司法机关的管辖范围之中。

2. 教育和矫正措施对刑罚的替代

少年的违法犯罪是少年在成长过程中遇到的问题，和少年的健康成长相比，惩罚他们已经变得不是十分重要，而采用改变其人格，使其重新融入社会，适用防止其再次实施犯罪行为的教育和矫正措施代替传统意义上的刑罚手段，是少年司法制度保护理念的重要体现。“为了防止他们再犯，更为了他们在将来成年时不再犯罪，宽容其违法、犯罪，宁可放弃对其已犯行为的惩罚，而施之以教育”[②]，建立在少年特殊的社会环境和他们的需要之上，个别化的处遇是这种方式的基本要求。少年司法制度的首要精神是对罪错少年施以个别化的处遇以防止他们将来再犯、使他们复归社会，而不是惩罚。由于少年是一个独立

---

① 储槐植：“谈谈制定中国型的青少年法”，载康树华、郭翔等编：《青少年法学参考资料》，中国政法大学出版社 1987 年版，第 99 页。

② 王牧：“我国应当尽快建立少年司法制度”，载《人民法院报》，2003 年 1 月 13 日。

的社会性存在，对于违法犯罪的少年施以刑罚并没有考虑到他们的需要，而且没有意识到刑罚的负面效应对于他们的健康成长极为不利，因此，应当用合适的教育措施即保护处分来代替刑罚。这是因为，人类已经认识到少年犯罪不能和成年犯罪等同对待，对罪错少年适用刑罚已经没有太大的意义。“刑罚或许可以得到一时的利效，但是，如何让犯罪的少年使其不再与犯罪为伍，就这种长期性的观点而言，教育辅导的理念是相当重要的”①，德国少年法学家彼得斯指出：“少年犯罪问题，并非在于追究少年以往所作所为，而为对待反应。乃在于探求何种措施，可帮助少年，克服其困难，循其要求，使其于社会上毫无障碍的，完成其企求之生活目的。引导之方略，应排除‘社会之谴责’、‘社会地位之低贱’以及‘社会价位之微细’，以教育思想代替刑罚之概念”②。

在少年司法制度中，教育的理念包含着多重含义。第一，教育理念表现为以教育代替刑罚，这就要求突破传统的刑罚思想及以刑罚作为对犯罪人处遇方法的观念。在这个意义上，保护处分被提了出来，并成为应对罪错少年的重要的也是主要的处遇方式。第二，无论对少年的处分属于何种类型，都要以教育保护为依归。因此，各国少年司

---

① 林慈幸著：《青少年法治教育与犯罪预防》，台湾涛石文化事业有限公司 2002 年版，第 32 页。

② 沈银和著：《中德少年刑法比较研究》，台湾五南图书出版公司 1988 年版，第 58 页。

法制度都规定了保护处分优先主义的原则，即在对错罪少年施以处遇时，首先必须考虑保护处分，只有在保护处分无法奏效时，才能考虑适用刑事处分。第三，具有教育作用的保护处分同样可以取得刑罚的预防作用。一般认为，刑罚具有一般预防和特殊预防的功能。一方面，通过对犯罪人适用刑罚可以威慑警戒社会上的不稳定分子，防止他们走上犯罪道路，这是刑罚的一般预防功能；另一方面，通过对犯罪分子适用刑罚，剥夺他们继续犯罪的条件，并将其改造成为守法的公民，不再重新犯罪，这是刑罚的特殊预防功能。[①] 虽然保护处分不具有惩罚意义，但通过对罪错少年适用保护处分，同样可以达到警戒其他少年不实施违法犯罪行为的作用，同时，保护处分的适用也可以有效防止罪错少年再次实施犯罪行为从而具有特殊预防的功效。因此，保护处分具有和刑罚相当的功能。第四，少年司法制度中的教育理念在司法实践中的重要意义在于，少年法院应当尽最大可能限制对罪错少年适用刑事处分，尽量避免刑事处分的宣告。第五，在少年司法制度中，对罪错少年进行教育保护的根本目的在于使其顺利完成社会化过程，能够融入正常的社会生活之中，具备正常的价值观念，帮助其健康成长。

3. 少年成长环境的改善

少年之所以走上违法犯罪的道路，与其个体的生活环

---

① 何秉松主编：《刑法教科书》（上卷），中国法制出版社2000年版，第536页、第537页。

境有密切的关系，不良环境的影响是他们违法犯罪的主要原因。例如，少年的违法犯罪与其家庭环境关系密切。英国精神病学家、精神分析学家鲍尔贝（John Bowlby）对44名小偷进行了调查，通过对这44名小偷生活史的研究，发现出生后5年中经历过与母亲或养父母完全分离，或者有6个月以上分离的，占17名（对照组中有2名），有抑郁性格的占14名（对照组中为0），这种抑郁性格者的违法行为特别恶劣，这是由于他们出生后的头5年发生的与母亲或母亲般的人物长期分离造成的，他们为了爱的满足，或者恢复爱而进行偷窃活动。因此，鲍尔贝认为在出生后头5年中与母亲的长期分离，是形成少年违法犯罪的主要原因。[①] 剑桥大学的一项研究表明，犯罪人有犯罪父母的可能性要大于守法者。和守法少年相比，后来变成犯罪少年的少年中，37.9%的人在10岁时父母一方就有了犯罪记录，而守法少年在10岁时父母一方有犯罪记录的只有14.6%。[②] 因此，应当通过司法机关的介入，将犯罪少年交付于适当的场所，对他们的个体生活环境进行改善，使他们摆脱不良环境的影响，以保障犯罪少年健全的身心发展。

认识到少年是一个独立于成年人的社会存在，他们的行为具有不同于成年人的性质，他们有着自己独特的需

---

① 罗大华，何为民著：《犯罪心理学》，浙江教育出版社2002年版，第305页。

② ［英］Ronald Blackburn：《犯罪行为心理学——理论、研究与实践》，吴宗宪，刘邦惠等译，中国轻工业出版社2000年版，第9页。

要，因此，为了保证少年的健康成长，以少年为中心，就必须建立一个完全不同于成年人刑事司法制度的独特的司法制度以适应他们的社会需要，以司法机关的介入来保障他们的健康成长。这种制度即少年司法制度。

一些国家和地区通过少年立法对于少年司法制度的保护理念做出了明确强调，例如《日本少年法》第1条规定："本法以促使少年健康成长，对有违法行为的少年采取改造品性和整顿环境的保护处分，同时对于少年……的刑事案件采取特别措施为目的。"我国台湾地区的"少年事件处理法"第1条规定："为保障少年健全之自我成长，调整其成长环境，并矫治其性格，特制定本法。"这些国家和地区将少年司法制度的保护理念在相关法律的首条做出规定，显示出保护理念在少年司法制度中的重要地位。从设有少年司法制度的国家和地区的实际情况来看，它们在制度设计上大都体现了保护理念。少年司法制度的保护理念在一些国家和地区的司法实践中同样得以体现。例如，司法机关对保护处分的适用进行严格控制，只对那些确实需要保护的少年施以保护处分；对于一过性[①]的少年违法事件，不施以保护处分，而期待他们自行改过；将对少年的教育首先交给父母和学校[②]，等等，这些都体现出

---

① "一过性"是指医学上某一临床症状在短时间内出现一次，往往有明显的诱因。此处用来形容在短时间内出现一次，并且无社会危害性、很快恢复正常的少年违法行为。

② ［日］西原春夫主编：《日本刑事法的重要问题》，金光旭等译，中国法律出版社、日本国成文堂联合出版2000年版，第171页。

了对违法少年的教育与保护。

二、保障

保障是少年司法制度的另一个重要基本理念。作为一种司法制度，少年司法制度同样具有保障功能，即少年犯罪只有在法律有明确规定的情况下才受到追究，从而保障少年犯罪人不受国家权力的不当干涉。需要指出的是，保障作为少年司法制度的基本理念，往往被人们所忽视。但实际上，少年司法制度并没有离开作为司法制度的权利保障功能。无论从其产生还是发展来说都没有离开对少年权利的保障，少年司法制度是在保障少年权利的基础上产生和发展起来的。

为了对违法犯罪的少年进行保护，同时为了保障少年犯罪人的合法权利不受国家权力的不当干预，应当由一个独立的少年审判组织按照特殊的程序对少年犯罪案件进行审理，除由少年法院依照特殊的程序对少年违法犯罪案件进行审理、施以相当处分以外，任何人对违法犯罪的少年都不能施以任何处分，即使这种处分是为了保护犯罪少年的利益。将对违法犯罪少年的保护性处分纳入司法裁判的范围之内，以防止为了“保护”少年而对少年权利造成侵害，即少年司法制度保障理念。

三、保卫

少年司法制度的第三个基本理念是保卫。少年实施违法犯罪的行为会给社会造成一定的损害，这种损害在少年犯罪不断发展的今天，有时还相当严重。因此，任何社会都会采取相应的措施，对少年犯罪做出回应，以防止少年违法犯罪对社会造成危害。在这个意义上，少年司法制度具有保卫社会不受少年违法犯罪行为侵害的功能。虽然少年司法制度强调对违法犯罪的少年进行保护的一面，要求采用保护教育性的处分对少年犯罪进行处理，强调矫正犯罪少年的不良人格，改善其生活环境，从而使其重新回归社会。但是，应当认识到，这种保护教育性的处分也有其极限，因此，运用较为严厉的刑事处分，以保卫社会免受重大少年犯罪的侵害，也有其存在的必要。“少年触犯重大案件，造成社会与个人莫大损害，此时犹施以保护处分，则难期教育功能之发挥，即保护处分亦有极限之时。且由少年行为反社会性之重大，犹施以保护处分，则对社会正义信念，与被害者立场，显失其平衡。此种观念，固未脱刑事报应主义之思想，惟就此时之少年，付以刑事处分，以求得强度之教育效用，亦有其必要。从而少年法制固采保护处分优先主义，惟刑事处分亦有其存在之价值”①。为了保卫社会，维护正常的法律秩序，就应采用更为严厉的措施对少年犯罪做出回应，过分强调对犯罪少年的保护，对整个社会而言，有对少年犯罪放纵之嫌。在这个意义上，保卫社会不受少年犯罪行为的侵害，也应当

① 林清祥著：《少年事件处理法研究》，台湾五南图书出版公司1987年版，第139页。

成为少年司法制度的理念之一。必须指出，少年司法制度虽然没有舍弃刑事处分，但是刑事处分仅仅是作为保护教育性处分的例外而存在，是保护处分无法达到预期效果时的补充措施，对刑事处分的适用应当做出较为严格的限制。

保护、保障、保卫是少年司法制度的基本理念，但在实际的制度设计和运行过程中，三者之间却总是存在着冲突与矛盾，求得一种微妙的平衡，应当成为少年司法制度的重要目标。

第三节　中国语境：少年司法制度的合理认识

少年司法制度产生于国外。我国的法律制度和传统与其他国家有着重大区别，加之语言环境的不同，使得我们在理解和认识少年司法制度时可能会出现偏差。因此，在中国语境下，如何正确认识少年司法制度依然是一个值得研究的问题。笔者认为，正确认识原产于国外的少年司法制度，至少需要明确以下三个问题。

第一，少年司法制度应当独立于成年人刑事司法制度。对少年犯罪进行处理古已有之，但是，作为一种特殊的司法制度，少年司法制度是在 19 世纪末 20 世纪初才产生的，而且还在发展中。或许，在我国的法律制度和语言环境下，有人会将存在于成年人刑法和刑事诉讼法之中一些专门针对少年犯罪和少年刑事诉讼程序的相关规定看作少年司法制度的法律依据，并进而认为由此建立的法律制度就是少年司法制度。但是，这种认识可能是对少年司法制度的一种误解。将少年犯罪人从成年犯罪人中区别开来，在一定意义上抛弃惩罚而施以教育保护性的处分是少年司法制度的重要特征，而在审理少年案件时，司法机关所应遵循的程序也不同于成年人刑事诉讼程序。少年司法制度是一种独立于成年人刑事司法制度的特殊司法制度，两者不应混为一谈。

第二，不应将所有应对少年罪错行为的法律制度都认为是少年司法制度的组成部分。虽然少年司法制度有其自身的特征，但其本质依然是一种司法制度。在我国的法律制度和语言环境下，无论是在法律上还是在理论上，对诸如司法、司法权、司法机关这样的概念，我们的理解都和国外存在着较大的差异。由于出发点的不同，我们在谈到原产于国外的少年司法制度时，总是习惯于从我国的实际情况出发，习惯于从对少年特殊教育与保护的角度开始，而忽略了这样一个基本事实：少年司法制度是在现代司法制度尤其是刑事司法制度产生之后才产生的，这种忽略使得我们对原产于国外的少年司法制度长期处于一种误解之中。事实上，离开了司法制度，就无法对少年司法制度的本质有全面的认识。

有学者指出，我国目前存在着的司法权“泛化”的现象，在我国的法律制度和法律传统下也许是正常的，因为对于像司法权这样的概念完全可以站在不同的立场而赋予其迥然有别的内涵。然而，如果以此为出发点来认识少年司法制度则面临着曲解这一制度的危险。例如，在谈到少年司法制度时，我们习惯于将公安机关对有严重违法行为尚不足以刑事处分的少年按照《预防未成年人犯罪法》进行处理，对违反《中华人民共和国治安管理处罚法》（以下简称《治安管理处罚法》）的少年处以警告、罚款或拘留等治安处罚，将违法少年送入工读学校，对违法少年予以社会帮教等都看作少年司法制度的基本内容；也有人将少年司法制度的范围扩大到少年侦查制度、少年检察制度、少年律师制度、少年矫正制度等，可以说就是司法权泛化的结果。笔者并非反对建立一整套的法律制度对少年触犯刑罚法律和其他违法行为做出回应，但是，我们不能将一切对少年违法犯罪做出回应的法律制度都称为少年司法制度。其实，如果将上述种种制度都纳入少年司法制度之中，那么我们就无法回答这样一些问题：在国外，为什么要由专门的少年法院根据一定的程序对少年触犯刑罚法律的行为作出裁判，由一个任意机关，例如警察机关，将犯罪少年送进某个矫正机构不是更加方便和有效吗？又何必费时费力进行司法裁判呢？而这些问题的答案正是正确认识少年司法制度的关键之一。从我们的立场出发，有人也许会认为，不经法院的正当裁判，而将那些触犯刑罚法律的少年以及有触犯刑罚法律危险的少年采取某种方式予以教育保护，例如收容于教养机构，其出发点是为了孩子的最佳利益，这既为他们提供了一个良好的生活环境，防止他们走上犯罪的道路，又让他们远离了刑罚所带来的负面效应，还可以避免正式的刑事诉讼程序给少年带来的伤害，这不是很好的制度设计吗？又有什么值得怀疑的呢？的确，这种做法的出发点可能就是为了少年的利益，是为了保护少年，这无可置疑。但问题的关键不在于措施本身，而在于通过什么方式、依据什么程序对违法少年采取这些措施，而且对哪些违法少年能够被采取某种方式予以教育保护也是一个问题。也就是说，对于违法少年的保护应当由一个特定的机构按照法律规定的程序作出公正的裁决才能进行，否则，这种具有保护特征的教育保护措施本身也有着侵害少年权利的可能。从少年司法制度产生和发展的历史来看，人们一直在思考的一个问题是，在缺乏法律规定的前提下，少年司法机构是否可以不经正当法律程序就可以采取措施对违法少年进行“教育保护”，这种做法是否会造成对孩子权利的某种侵犯？在这一点上，少年司法制度发挥着限制国家权力，保障违法少年权利不受国家侵害的机能。少年司法制度的核心是司法裁判而不是行政决定，离开司法裁判而对少年违法犯罪进行行政处理的制度不是少年司法制度的组成部分。

第三，确立少年司法制度的法律依据是少年法，但不是任何形式的少年法都能确立少年司法制度。能够确立少年司法制度的少年法，首先，必须独立于成年人刑事法，是一个独立存在。其次，确立少年司法制度的少年法应当对少年司法制度的核心要素做出规定，例如少年罪错、保护处分、保护程序、少年审判组织等。最后，确立少年司法制度的少年法，必须是少年审判组织能够据此对少年案件作出司法裁判，这就要求确立少年司法制度的少年法不能仅仅是宣示性法律，而应当具有司法法的特征。

第二章

少　年　法

任何法律制度都必须依托于一定的法律规范，少年司法制度也不例外。确立少年司法制度的是少年法，少年法是“少年司法制度的基本标志和关键所在”[①]。少年司法制度之所以成为一种完全不同于成年人刑事司法制度的特殊制度，原因就在于其对少年审判组织、少年罪错、保护处分、保护程序等内容都规定在独立的少年法中，独立的少年法是少年司法制度能够确立的基础。但是，就“少年法”这一概念而言，在不同的场合有不同的含义，就一些国家和地区的情况来看，少年法又可以分为不同的类型。这就产生了一些问题：确立少年司法制度的少年法究竟是哪种意义上的少年法？或者说，什么样的少年法才能确立少年司法制度？能否认为有了少年法就有了少年司法制度？

第一节　少年法的含义和类型

一、少年法的含义

“少年法”一词有不同的含义，按照我国台湾学者林

① 王牧：“我国应当尽快建立少年司法制度”，载《人民法院报》，2003年1月13日。

纪东的观点，少年法有最广义、广义和狭义之分。最广义的少年法指所有有关少年的法律，具体包括各种有关少年教育的法律、各种有关少年福祉的法律、各种有关少年保护的法律、各种有关少年劳动的法律、宪法上有关儿童福祉的法律等；广义的少年法指各种有关少年不良行为的保护法律，包括少年保护法、少年刑法、少年刑事诉讼法、少年法院法、少年监狱法、少年救护院法等；狭义的少年法是指各国制定的、题称少年法的法律，通常仅包括少年刑法和少年刑事诉讼法两种，至于审判少年不良行为的机构，其组织职权、审判或保护方法，用其他法规定，不在少年法之列。因此，狭义的少年法，仅指少年刑法和少年刑事诉讼法。[①] 考察少年法的含义，之所以有上述最广义、广义和狭义的不同，“似系由历史之原因，时代之进化，使少年法之性质，由刑事性之法律，一变而为社会安全性之法律，其含义亦由狭而广”[②]。

二、少年法的类型

由于采取的分类标准不尽相同，我国学者对少年法类型的概括也不尽相同。有的学者根据少年法内容的性质，将少年法分为司法性法规和保护性法规两大类。[③] 有的学者根据少年法的内容将少年法分为处罚型、多元型、福利

① 林纪东编著：《少年法概论》，台湾编译馆1972年版，第19页。

② 林纪东编著：《少年法概论》，台湾编译馆1972年版，第11页。

③ 储槐植：“谈谈制定中国的青少年法”，载康树华、郭翔主编：《青少年法学参考资料》，中国政法大学出版社1987年版，第94页。

型、保护型和政策型五大类。处罚型少年法主要指处理青少年违法犯罪的法律，专指青少年刑法和青少年刑事诉讼法；多元型少年法是指既规定保护青少年内容，又规定审理处罚青少年内容的综合性法规；福利型少年法是指以福利为主、惩罚为辅的处理违法犯罪青少年的法规；保护型少年法是指为保护青少年的健康成长而制定的净化社会环境的法规；政策型少年法是指这样一类青少年法规，它们不仅原则上规定了国家对于青少年的政策，而且详细列举了青少年参加国家管理、受教育、劳动、休息、体育、娱乐、旅游乃至婚姻、住房等方面的权利和保卫祖国、保卫全民和集团财产、创造性劳动等项义务。在上述五类少年法中，处罚型少年法一般称为狭义的少年法，而多元型、福利型、保护型和政策型的少年法则统称为广义的少年法。① 这类学者还按照法系将少年法分为英美法系的青少年法、大陆法系的青少年法、日本式英美与大陆法系混合型青少年法、北欧型青少年法。② 还有学者按照少年法的内容将其分为司法型、保护型和综合型三大类。③

---

① 康树华主编：《预防未成年人犯罪与法制教育全书》（上卷），西苑出版社1999年版，第214—226页。

② 康树华主编：《预防未成年人犯罪与法制教育全书》（上卷），西苑出版社1999年版，第227页。

③ 姚建龙著：《长大成人：少年司法制度的建构》，中国人民公安大学出版社2003年版，第291—292页。

第二节　确立少年司法制度的少年法

对少年法进行科学的分类有助于我们正确认识一国少年法的基本情况，但是上述这些对少年法的分类方式，却不容易使我们正确掌握少年法与少年司法制度的关系，尤其是在一个国家或地区的少年法属于综合型、多元型少年法的时候，情况更是如此。笔者认为，只有一个国家或地区的少年法具备了以下三个特征，才能够使其少年司法制度得以确立。确立少年司法制度的少年法应当具有的基本特征有以下几个方面。

第一，这种法律有关于少年罪错的规定。将少年触犯刑罚法律的行为从成年人犯罪中独立出来，和在成年人刑事司法制度看来不一定有社会危害性或者危险性的行为一起称为少年非行、少年事件或者“Juvenile delinquency”，并规定在少年法中作为少年司法制度的对象，是人类法律史上的一次革新，体现出人类对少年特殊的社会地位的认识，是新型儿童观在法律上的重要体现之一。这充分显示出人类已经不再把少年触犯刑罚法律的行为作为“犯罪”来对待，而将少年的一些虞犯行为纳入少年法中作为少年司法制度的对象则模糊了少年“犯罪”与“违法”之间的界限，这些规定的根本目的都在于淡化惩罚、强化教育。在这个意义上，少年法的重点是在“少年”，而不是在“犯罪”，如果一个国家的少年法中规定的依然是少年犯罪，依然把少年触犯刑罚法律的行为当作和成年人犯罪性质相同的行为来对待和处理，则表明这种法律的重点依然在“犯罪”，而不是在于“少年”，这就无法体现出少年的特殊社会地位。因此，这种少年法无论对少年犯罪规定得多么详尽，都不能使少年司法制度得以确立。

第二，这种规定少年罪错的法律必须独立于成年人刑事法律。这是突出少年特殊社会地位的必然结果，也是“把少年违法犯罪行为看作与成年人的违法犯罪行为存在本质上不同的逻辑上的内在要求和必然的外部要求”①。1950年，海牙国际监狱会议的决议就指出：“关于未成年人犯罪之法律，无论为实体法，为手续法，均不能以适用于成年人之规定为标准。此种法律，应特别就未成年犯罪人之需要、其社会关系及不妨碍彼等将来之更生等节，为重要之考虑。”②确立少年司法制度的少年法必须独立于成年人刑事法律，是少年司法制度不同于成年人刑事司法制度的重要体现，否则，少年司法制度就不能称为少年司法制度。

纵观少年法的发展历史可以发现，有关少年犯罪的法律规定最初是以例外法的姿态出现，并依附于普通刑法、刑事诉讼法和监狱法律的规定，自1899年美国伊利诺斯州《少年法院法》颁布开始，其才从成年刑事法律中独立

---

① 王牧：“我国应当尽快建立少年司法制度”，载《人民法院报》，2003年1月13日。

② 林纪东著：《少年法概论》，台湾编译馆1972年版，第27页。

出来，成为具有独立地位的专门性法律。“少年法之生长路径，实始于刑事法方面，而以1899年美国芝加哥少年法院制度，为其嚆矢。在其以前，英法各国，及美国各州中，固有设立少年感化院者，实行少年缓刑制度，或规定少年犯罪，应与成人犯罪分别裁判者，然均为枝节之设施，而未构成整个之制度，迨芝加哥少年法院成立，少年刑事法，始由一般刑事法中，脱颖而出，自成体系，而为各国少年刑事法之鼻祖。”[①] 少年法从成年人刑事法中独立出来是人类认识的深化，是尊重少年本体性的体现。这些原本依附于成年人刑事法的“例外性”规定不仅具有了独立存在的价值，因而从刑事法中脱离出来，形成了自己的体系，而且少年法从成年人刑事法中独立出来之后又反过来对传统的刑事法产生了重大影响，发生了“例外法原则化”的现象。[②]

第三，这种独立的规定少年罪错的法律必须为司法裁判提供法律上的依据，这种依据不仅是实体上的，更重要的是程序上的。在这个意义上，确立少年司法制度的少年法是司法法，而司法法的主要特征在于裁判。如果没有程序上的规定，司法机关就无法据此作出司法裁判。因此，缺少程序性规则的少年法不能确立少年司法制度。

只有符合了上述三个特征的少年法才能够成为少年司

① 林纪东著:《少年法概论》，台湾编译馆1972年版，第19页。
② 林纪东著:《刑事政策学》，台湾编译馆1972年版，第331页。

法制度的“基本标志和关键”，缺少其中任何一个特征的少年法都不足以使少年司法制度得以确立。因此，认为只要有少年法就有少年司法制度的观点是不正确的。的确，没有少年法，就没有少年司法制度，但是，有了少年法却未必就有少年司法制度。

基于以上考虑，笔者认为，从确立少年司法制度的角度出发，少年法共有两种类型。

第一类是单一型的少年法。这种类型的少年法从其内容上来看，明确了规定少年法院的组织、少年罪错、保护处分、对少年罪错的审理程序等，因而可以使少年司法制度得以确立。这种类型的少年法，实际上也就是有些学者提到的司法型的少年法、狭义的少年法。《日本少年法》《德国少年法院法》《英国青少年教养法》《加拿大非行少年条例》以及我国台湾地区的“少年事件处理法”都属于这种类型的少年法。

第二类是综合型的少年法。这种类型的少年法除了对单一型的少年法所具有的内容做出明确规定以外，还包含有保护少年内容，甚至包含有少年享有的各项权利和义务等内容。这种类型的少年法实际上是上述学者所提到的广义的少年法中的一部分。而那些仅规定少年保护的相关内容，并不对处理少年罪错的实体性和程序性规则做出规定的少年法则不属此类少年法。这种类型的少年法比较典型的有《斯里兰卡儿童与少年法令》《新加坡儿童与少年法》等。

单一型的少年法固然可以使少年司法制度得以确立，综合型的少年法同样也可以达到这种效果，这与该种类型的少年法中还存在着其他方面，例如关于保护少年的内容并不矛盾。

第三节 制定我国能够确立少年司法制度的少年法

少年司法制度的建立，关键在于独立的、规定有少年罪错及少年罪错处理程序的少年法。我国究竟有没有使这种制度得以确立的少年法？如果这种少年法在我国存在，就可以表明少年司法制度在我国已经建立，否则，认为我国已经建立了少年司法制度的观点就值得商榷。

一、我国能够确立少年司法制度的少年法的缺失

虽然有关少年的法律条文在我国历史上很早就已经存在，但是专门的少年法却是直到20世纪90年代才出现。中华人民共和国成立后，尤其是“文化大革命”结束后，青少年犯罪日益成为一个严重的社会问题，引起了国家的高度重视。1979年8月17日，党中央发布了《中共中央转发中央宣传部等八个单位〈关于提请全党重视解决青少年违法犯罪问题的报告〉的通知》，专门性少年法的制定工作被提上了议事日程。1980年8月，共青团中央在北京召开了“全国青少年保护法座谈会”。这是我国历史上第一次研讨青少年专门立法的重要会议。这次会议探讨了制

定一部社会主义特色青少年法的必要性、迫切性和现实可能性。经过讨论，这次会议上通过了“关于建立青少年保护法起草小组的建议”，建议由团中央与全国人大法制委员会、司法部等部门共通筹备，抽调人员组成起草小组，负责起草《中华人民共和国青少年保护法（草案）》，并提交全国人大常委会审议。会议结束后，由团中央牵头的起草小组经过半年多的工作，五议其稿，形成了《中华人民共和国青少年保护法（讨论稿）》。但是，这部我国第一部有关青少年的专门法律条文草稿，由于多方原因，最终没能进入正式的立法程序。

在全国性的青少年立法工作陷入停顿之际，地方的青少年立法工作却蓬勃展开。经过多方研究和讨论，1987 年 6 月，上海市第八届人大常委会第二十九次会议正式审议通过了《上海市青少年保护条例》，同年 10 月 1 日起施行。这部地方性法规被认为是“我国第一个青少年保护法规，也是我国第一部少年法”①，因而被许多学者认为具有重大的历史意义。② 受其影响，截至 1991 年 1 月，共有 17 个省市制定了地方性少年法。③ 受地方性立法工作的推动，全国性少年立法工作再次启动。1988 年 1 月，团中央

① 姚建龙著：《长大成人：少年司法制度建构》，中国人民公安大学出版社 2003 年版，第 295 页。

② 徐建：“我国青少年法制建设发展中的一个里程碑”，载《青少年犯罪问题》，1998 年第 1 期。

③ 姚建龙著：《长大成人：少年司法制度建构》，中国人民公安大学出版社 2003 年版，第 296 页。

书记处决定成立青少年立法领导小组，经过四年的努力，1991年9月，第七届全国人大常委会第二十一次会议审议通过了《未成年人保护法》，我国第一部全国性的少年法由此诞生。应当说，《未成年人保护法》的通过，其直接推动力是青少年违法犯罪的严重程度，其目的在于有效预防未成年人犯罪。但是，《未成年人保护法》对于青少年违法犯罪似乎并没有起到人们期望的遏制作用。20世纪90年代以后，中国又出现了新一轮的青少年犯罪高峰。一些专家学者和社会人士呼吁对于青少年犯罪应当强调预防，并建议制定预防青少年犯罪的法律。[①] 在这样的背景下，1999年6月，第九届全国人大常委会第十次会议通过《预防未成年人犯罪法》，自1999年11月1日起施行。

毫无疑问，《未成人保护法》和《预防未成年人犯罪法》不依附于任一部成年人法律，属于独立的少年法。这两部法律的制定，显示出国家对少年保护和预防未成年人[②]犯罪重要性的高度重视，是我国立法工作的重大进步。为了保护少年的健康成长，防止他们受到社会不良风气的影响，动员全社会的力量预防青少年的违法犯罪，这种想法是正确的。然而，令人遗憾的是，这两部少年法却不足

① 郭翔："中国少年法研究"，载中国青少年犯罪研究会编：《中国青少年犯罪研究年鉴》（2001年第二卷），中国方正出版社2002年版，第1135页。

② 在我国少年司法制度的研究中，对于"少年"，也有着不同的用语，如有的称为"未成年人"，有的称为"青少年"，有时还用"儿童"的概念，在相关法律中，主要使用"未成年人"的概念。在本书中，对此没有区分，一概称为少年。

以确立我国的少年司法制度。从这两部少年法所规定的内容来看，应当说存在着一些类似于其他国家和地区的少年法的实体性方面的规定。例如，《预防未成年人犯罪法》第14条、第34条将少年违法行为区分为不良行为和严重不良行为，并对少年的不良行为和严重不良行为的具体情况作了详细列举。我国大部分学者认为，这些规定尤其是关于少年严重不良行为的规定与其他国家和地区少年法中对虞犯的规定极为相近，但是，对少年的这些不良行为或严重不良行为究竟应当怎样处理、由哪个机关处理、应当按照怎样的程序进行处理？在《预防未成年人犯罪法》中，并没有做出明确规定。

也许，认为《未成年人保护法》和《预防未成年人犯罪法》对少年违法行为的处理完全没有规定并不十分确切。《预防未成年人犯罪法》对少年严重不良行为的处理似乎也做出了一些程序性的规定。该法第35条规定："对未成年人实施本法规定的严重不良行为的，应当及时予以制止。对有本法规定严重不良行为的未成年人，其父母或者其他监护人和学校应当相互配合，采取措施严加管教，也可以送工读学校进行矫治和接受教育。对未成年人送工读学校进行矫治和接受教育，应当由其父母或者其他监护人，或者原所在学校提出申请，经教育行政部门批准。"从本条规定来看，工读教育是对有严重不良行为的少年的一种处理方式，而其程序为首先由此类少年的父母或者其他监护人，或者原所在学校提出"申请"，然后经教育行政部门“批准”从而将此类少年送入工读学校。如果我们将少年的严重不良行为作为与其他国家和地区少年法中的虞犯行为同等对待，将“工读教育”作为与其他国家和地区少年法中的保护处分同等对待，再将“申请”和“批准”的程序看作保护程序，其似乎具备了少年司法制度所涉及的罪错、处遇和程序等基本内涵。但是，我们必须看到，做出对少年工读教育处理决定的机关是“教育行政部门”而不是独立的少年审判组织，其做出工读教育决定的程序也与由中立的第三方居中裁判的司法程序相去甚远。或许可以将这种制度称为一种“行政制度”，但将这种制度称为少年司法制度是不妥当的。

《预防未成年人犯罪法》第37条规定：“未成年人有本法规定的严重不良行为，构成违反治安管理行为的，由公安机关依法予以治安处罚。因不满十四周岁或者情节特别轻微免予处罚的，可以予以训诫。”在这种情况下，严重不良行为就是违反治安管理的行为，它已经成为违反治安管理行为的一种特殊情况，将其称为严重不良行为似乎已经没有多大的意义，因而失去了独立存在的价值。而处理这种违反治安管理行为的机关及程序也指向了行政机关和行政程序，其适用的法律也已经不再是《预防未成年人犯罪法》，而是指向了相关的行政法律法规。就此而言，《预防未成年人犯罪法》同样无法确立少年司法制度。

通过以上的分析可以发现，尽管我国独立的少年法中存在着一些类似其他国家和地区少年法中虞犯行为的规定，但在我国独立的是其并没有明确规定对少年的此类行为应当由少年司法组织进行审理，更没有规定少年司法组织审理这类案件所应当遵循的程序，在法律的适用上最终指向了相关的行政法律法规。这种情况表明，我国目前还没有将少年不良行为纳入司法管辖的范围。在这个意义上，我国的少年法还不是少年司法制度赖以存在的司法法，而是行政法，对少年严重不良行为进行处理的法律制度并不是司法制度，而是行政制度。因此，我国独立存在的少年法不能使少年司法制度在我国得以确立。而另一方面，鉴于我国行政处罚措施的严厉程度，这种对行为人的行政处罚的权力又垄断性地掌握在行政机关尤其是公安机关的手中，这种制度由于缺乏足够的司法审查机制，极易造成对公民权利的侵害，从而违反了法治国家的基本要求。这种制度从一开始就有着先天的不足。

从广义上说，我国《刑法》中关于未成年人犯罪的规定、《刑事诉讼法》中关于未成年人犯罪审判程序的规定，也可以被称为广义的少年法。当然，我国最高人民法院颁布的《关于办理少年刑事案件的若干规定（试行）》《关于办理未成年人刑事案件适用法律若干问题的解释》《关于审理未成年人刑事案件的若干规定》等司法解释也可以纳入广义少年法的范畴之中。在这些少年法中，都存在着一些对于少年犯罪的特殊规定，例如我国《刑法》第 17 条第 2 款规定：“已满 14 周岁不满 16 周岁的人，犯故意杀人、故意伤害致人重伤或者死亡、强奸、抢劫贩卖毒品、防火、爆炸、投放危险物质罪的，应当负刑事责任。”同条第3款规定：“已满14周岁不满18周岁的人犯罪，应当从轻或者减轻处罚。”再如我国《刑事诉讼法》第35条第2款规定：“犯罪嫌疑人、被告人是盲、聋、哑人，或者是尚未完全丧失辨认或者控制自己行为能力的精神病人，没有委托辩护人的，人民法院、人民检察院和公安机关应当通知法律援助机构指派律师为其提供辩护。”该法第281条第1款规定：“对于未成年人刑事案件，在讯问和审判的时候，应当通知未成年犯罪嫌疑人、被告人的法定代理人到场。”该法第285条规定：“审判的时候被告人不满18周岁，不公开审理。但是，经未成年被告人或其法定代理人同意，未成年被告人所在学校和未成年保护组织可以派代表到场。”事实上，目前我国人民法院处理少年犯罪所依据的实体法和程序法主要就是这些法律和司法解释，那么，这种广义上的少年法能否使我国的少年司法制度得以确立呢？

建立在少年是一个独立的社会群体，他们有着自身的需要和社会地位，他们的行为包括犯罪行为和成年人具有本质不同的基础上，少年司法制度的一项基本要求是，将少年的违法犯罪行为（少年罪错）从成年人犯罪中区别出来而做出个别化、保护性的处遇。这就要求必须有独立的少年法对少年罪错做出规定，而且这种规定不仅是实体上的，而且是程序上的。这是确立少年司法制度的少年法能够独立存在的重要原因。而在司法机关对少年案件进行审理和裁判时，这种独立的少年法具有优先的法律地位而排斥了普通刑法和刑事诉讼法的适用。在这个意义上，少年法是特别法、例外法。“关于处理青少年违法犯罪案件的司法性法规，从产生历史上看，其所以有独立存在的价值，是因为它以普通刑法的例外法的地位而起作用。如果不具有这种例外法地位，它本身就失去了存在的价值，因为普通刑法就足以解决问题。”① 不难发现，我国依然将少年犯罪规定在普通刑法之中，其适用的程序规定在普通刑事诉讼法之中。这就清楚地表明，我们对少年的独特法律地位没有足够的认识，也没有充分认识到少年的犯罪行为和成人犯罪行为有着本质的不同。将少年犯罪规定在成年人普通刑法之中，在处理上比照成年人从轻或者减轻处罚，在适用的程序上有一定的特殊之处，这种制度固然可以说是一种司法制度，但这不是少年司法制度。

综上所述，笔者认为，尽管我国存在着独立的少年法，但独立的少年法由于欠缺程序性的规定而无法成为司法法，法院不能据此作出司法裁判，因而不能使我国的少年司法制度得以确立。如果将我国《刑法》《刑事诉讼法》中关于少年的一些特殊规定也作为少年法来对待，但这些法律规定又不具有独立性，没有将少年触犯刑罚法律的行为从成年人犯罪中独立出来而作为性质完全不同的行

① 储槐植：“谈谈制定中国型的青少年法”，载康树华、郭翔等编：《青少年法学参考资料》，中国政法大学出版社1987年版，第99页。

为来对待，也没有对保护处分和保护程序做出规定，因而也不能使我国的少年司法制度得以确立。因此，我国目前还没有确立少年司法制度的少年法。

二、我国应当尽快制定能够确立少年司法制度的少年法

目前,我国还没有能够确立少年司法制度的少年法。现在，有关少年司法的内容散见于各种法律之中。其中，各种应对措施零散的规定在刑法、行政法、地方性法规乃至一些部门的内部文件中，没有形成一个统一协调的体系。这些相关的规定要么依然是依附于成年人刑事法律，既没有将罪错少年当作一个独立的群体来对待，秉持的理念和原则也与少年司法相去甚远，不能很好地适应对罪错少年进行教育矫治的需要；要么具有行政法的性质，不能为少年审判机关提供进行司法裁判所需要的程序性规定；要么仅仅是一些宣示性的规定，无法确立少年司法制度。少年司法制度依托于少年法，没有独立的少年法就没有少年司法制度。由于缺乏建立少年司法制度的、独立于成年人刑事法律的少年法，使得少年司法制度在我国至今没有建立起来。因此，鉴于少年司法制度在应对少年罪错过程中的重要意义，制定能够确立少年司法制度的少年法就是一个迫切需要解决的问题。构建我国少年司法制度的关键是制定一部能够确立这种制度的少年法。

1. 采用先单一后综合的少年法模式

如前所述，确立少年司法制度的少年法的类型分为两

种，一是单一型的少年法，这种类型的少年法的特征是仅规定少年审判组织的构成、职权、管辖范围、对罪错少年的处遇、程序等方面的内容，而一般不涉及对少年的福利、保护、教育等内容；二是综合型的少年法，这种类型的少年法除了对单一型的少年法所具有的内容做出规定以外，一般还规定了对于少年的福利、保护等内容。无论一国的少年法属于上述类型中的哪一种，其内容中都包含有对少年罪错进行处理的实体性和程序性的规则，因此，这两种类型的少年法都可以使少年司法制度得以确立。

在制定我国的少年法时，在类型的选择上，笔者认为，可以借鉴日本、美国伊利诺斯州等国家和地区的做法，先制定一部单一型的少年法，采用组织法、实体法、程序法合一的形式，对少年法院的组织、构成及职权、管辖范围，对罪错少年的处遇、审理程序以及执行等方面的内容做出规定，使我国的少年司法制度尽快得以确立。待时机成熟时，再和现有的少年法进行整合，制定综合型的少年法。在少年法中，应主要对少年司法组织的构成、少年罪错的范围、保护处分、保护程序等处理少年案件的实体性规则和程序性规则等内容做出规定。

2. 明确少年法的核心概念

能够确立少年司法制度的少年法，应当具有自己的核心概念。这些核心概念构成了少年司法制度的基础，少年司法的整个内容都围绕着这些核心概念而展开，体现着少年司法的基本理念。欠缺这些核心概念的少年法，无法使少年司法制度得以建立。这些核心概念包括：少年审判组织、少年罪错、少年保护处分、少年保护程序。其中，少年保护程序又包含立案、调查、移送、审判、舍弃管辖、转向处分、裁决、上诉等。正是由于少年法具有自己的核心概念和范畴，据此建立的少年司法制度才能够与成年人刑事司法制度有所区分。不同国家和地区的实践证明，少年司法制度是应对少年犯罪的有效法律设计，独立的少年司法制度对预防和控制少年犯罪具有重要意义。少年法的基本内容应当围绕这些核心概念展开。

第三章

少 年 罪 错

少年司法制度是由少年审判组织按照特定程序处理少年罪错，并对有罪错的少年施以相应处分的法律制度。准确界定少年罪错的概念及其范围是正确认识和构建少年司法制度的关键之一。由于少年司法制度原产于国外，其中许多概念在我国的语言环境和司法制度下并没有对应的概念，少年罪错就是其中之一。只有在对这一概念作出正确理解的基础上，才能对少年司法制度有一个正确认识。准确界定了少年罪错，就为少年审判组织的管辖权划定了范围。

第一节　少年罪错的概念

在成年人刑事司法制度中，刑法规定了各种各样的具体犯罪（Crime），需要法院作出裁判的就是犯罪是否成立，是否需要对犯罪人施以刑罚。因此，成年人刑事司法制度所针对的事项就是“犯罪”，法院的管辖范围就是刑法规定的具体犯罪。但是，由于少年司法制度是一个独立的具有自身特征的法律制度，就需明确需要少年司法组织作出裁判的事项是什么，其管辖范围和成年人刑事司法制度规定的是否具有差异。不仅如此，在中国的法律制度和语言环境下，在理解和把握原产于国外的少年司法制度时，如何对少年司法所要针对的事项做出准确翻译，也是一个需要研究的问题。

就设有少年司法制度的国家和地区对少年司法组织的管辖范围这一问题的法律规定来看，各个国家和地区规定不尽相同，用语也略有差异。但相同的是，各国和地区对少年司法制度所针对的事项都有一个不同于成年人犯罪的称谓。例如，在英美法例中称之为“Juvenile delinquency”，而没有采用成年人犯罪所用的“Crime”，与此相对应，对于实施了“Delinquency”的少年也不用成年犯所使用的“Criminal”，而称为“Offender”或“Delinquent”；在日本少年法中则称为“少年非行”，同样避免使用“犯罪”一词，而对犯有“非行”的少年则称为“非行少年”；我国台湾地区则称为“少年事件”。从各国、各地区的法律规定来看，无论所用概念为“Juvenile delinquency”，还是“少年非行”，抑或是“少年事件”，其范围大致有两种规定：一种是仅包含少年触犯刑罚法律的行为，德国、奥地利等一些欧洲国家采用这种方式；另一种是除了包含少年触犯刑罚法律的行为外，还包含某种程度之不良少年，足可认为有触犯刑罚法令之虞者，即学理上所谓“虞犯”（Pre - delinquent）。美国一些州、日本、我国台湾地区均采用这种立法例。

上述立法例对于少年司法制度所针对的事项之所以采用不同于成年人刑事司法制度的概念，其意义绝不仅仅在于使用不同的概念。而是因为在他们看来，少年触犯刑罚法律的行为和虞犯行为在性质上完全不同于成年人的犯罪行为和违法行为，以至于在英美国家，观念上不认为所谓“Juvenile delinquency”等行为为“犯罪”，有“Delinquency is not crime”的说法[①]，在他们看来，实施了这些行为的少年和那些正常地遵守法律、但没有能力照顾自己的少年是一样的，他们需要的是国家的帮助和照顾，之所以采用不同于成年人犯罪的概念，就是为了突出少年这种需要国家帮助和照顾的特殊社会地位，他们的行为是不是“犯罪”已经不是十分重要，关键在于他们是不是需要得到国家的保护和照顾。因此，在少年司法制度中，“Juvenile delinquency”“少年非行”“少年事件”等概念的引入，是少年具有独特的社会地位对法律的要求。与此相联系，由于少年具有特殊的社会地位，这要求法律赋予少年以不同于成年人的法律地位，法律不能像对待成年人那样对待少年。不仅如此，这种不同概念的使用反映了人们这样一个认识：未成年人的犯罪与成年人犯罪有着本质的不同。例如，同样的盗窃行为，对成年人来说是“Crime”，是“犯罪”，对少年来说则是“Delinquency”，是“非行”，是“事件”，不同的概念反映出不同的行为主体，而同样的行为由不同的主体做出，就有可能是不同性质的行为。行为是主体的行为，认识行为的性质不能只看行为的形

① Sheldon and Eleanor Glueck：*Predicting*：*Delinquency and Crime*，Second Printing，Cambridge Massachusetts，1960，p62.

式，行为形式只反映行为的表象，行为的性质是行为主体和行为形式的统一，明确行为的性质要把主体意识和行为形式统一起来认识，坚持主观和客观相一致的原则，在生理、心理上成熟了的人和在这些方面尚未成熟的人的相同形式的行为，其性质是不同的。例如“吃”，对婴儿来说这可能是种本能的自然现象，而对成年人来说则可能是有用意的社会行为。因此，以不同于表达成年人的犯罪行为的概念表达未成年人的“犯罪行为”，反映出了少年的“犯罪行为”不同于成年人的犯罪行为的性质。[①]

基于以上认识，在少年司法制度下，国家对于“Juvenile delinquency”“少年非行”“少年事件”等行为的反应方式与对成年人犯罪所采用的刑罚的反应方式完全不同，而且在处理程序上也不同于成年犯罪人，以利于保护少年。这是对少年触犯刑罚法律行为性质的认识不断深化的结果，是对少年儿童认识的不同在法律上的体现，同时，也是强调所谓“非犯罪化”（Decriminalized）与“非刑罚化”（Depenalized）的刑事政策[②]的结果。

在我国的法律制度和语言环境下，如何正确翻译美国少年司法制度中的“Juvenile delinquency”，日本法中的“少年非行”？按照通常的理解，少年司法制度的对象应当是少年违法犯罪。而实际上，无论是“Juvenile

---

① 王牧著：《犯罪学》，吉林大学出版社 1992 年版，第 245 页。

② 林清祥著：《少年事件处理法研究》，台湾五南图书出版公司 1978 年版，第 56 页、第 57 页。

delinquency”，还是“少年非行”“少年事件”，它们既不是我们所理解的“犯罪”，也不是我们所理解的“违法”，它们有着自己独立的含义。用我们现有的“违法”和“犯罪”概念是不能准确理解少年司法制度所针对的事项的。如果要用我们熟悉的概念对此做出说明的话，那就是“把未成年人的犯罪行为作为‘违法’行为对待和处理，同时，也把在对成年人来说并不作为犯罪问题来对待和处理的未成年人的违法行为（有的甚至还包括违反道德的行为以及对未成年人健康成长不利的行为）作为少年司法内容来对待和处理”[①]。笼统地说少年司法制度所针对就是少年犯罪，虽然说不是完全错误的，但至少会给人造成一定程度的误解。在我们汉语言的语境下，如何对少年司法制度的对象做出准确的界定，值得研究。这不仅仅是一个翻译的问题，也是一个观念转变的问题。但就在这个对少年司法制度的正确理解来说具有决定性影响的问题上，我们还缺乏足够的认识。在我国的法制背景下，让我们承认“少年非行”不是“犯罪”，这的确是一件相当困难的事情。为了论述的方便，笔者在以后提及少年司法制度的对象时，采用少年罪错这一概念。

① 王牧：“我国应当尽快建立少年司法制度”，人民法院报，2003 年 1 月 13 日。

第二节 少年罪错的范围

少年罪错由“少年”和“罪错”组成。少年罪错的范围，既取决于对少年的认定，又取决于对罪错的认定。少年的认定取决于年龄，而罪错的范围，各国、各地区则有所不同，主要在于是否将所谓“虞犯”纳入少年罪错之中。明确了少年罪错的范围，就明确了少年审判组织的管辖权范围。

一、少年的界定

少年的概念与年龄的划分密不可分，对少年的界定主要取决于年龄。由于政治、经济、文化制度以及社会传统的差异，各国、各地区对少年的年龄界定并不一致，因此何为少年并没有一个统一的年龄界限，《联合国少年司法最低限度标准规则》对少年的年龄界限也没有做出统一规定，而只规定，“少年系指按照各国法律制度，对其违法行为可以不同于成年人的方式进行处理的儿童或少年人”。究竟何者属于少年，完全取决于一个国家或地区政治、经济、文化、社会和法律制度。就各国家或地区对少年的界定来看，大致有如下几种立法例。

一是只规定上限年龄。例如，《日本少年法》第 2 条第 1 款规定少年指未满 20 岁的人；《美国标准少年法院法》规定少年为不满 18 岁的人。“这种立法例虽然没有直接规定少年的下限，但实际上是有下限的，因为年龄太低的儿童被认为不具有责任能力，基本上不会成为少年司法处置的对象，而主要属于儿童福利法调整的对象。”①

二是既规定上限年龄，也规定下限年龄。如我国台湾地区“少年事件处理法”第2条规定，少年是指12周岁以上未满18周岁之人；我国香港地区1951年“保护妇孺条例”第2条规定：“少年指法庭或根据本条例行使任何权力之人士认为年龄已在14岁或以上未满18岁之人士”；《英国儿童及少年法》规定8岁以上17岁以下的人为少年。在这种情况下，有的立法例还把少年进行了再分段。例如，《德国少年法院法》把少年分为“少年”和“未成年青年”。《德国少年法院法》第1条规定：“少年是指行为时已满14周岁不满18周岁者；未成年青年是指行为时已满18周岁不满21周岁者。”

三是对少年的年龄没有做出明确的规定。如《匈牙利青少年法》关于年龄的规定：“本法所称青少年是指在学习阶段以及就其年龄是刚参加社会劳动和开始建立独立生活的青少年。”“也门、沙特不规定具体年龄，而是由法院依《古兰经》依据每个当事人具体身心发展程度确定。”②

---

① 姚建龙著：《长大成人：少年司法制度的建构》，中国人民公安大学出版社2003年版，第10页。

② 张鸿巍著：《少年司法通论》（第二版），人民法院出版社2011年版，第167页。

二、少年罪错的范围

世界各国和各地区少年司法制度对少年司法组织管辖范围的规定不尽一致，有以下立法例。

（1）美国伊利诺斯州。

美国伊利诺斯州《少年法院法》规定的少年法院的管辖范围包括以下几类少年：一是16岁以下的无人抚养的少年；二是16岁以下的被遗弃的少年；三是触犯该州各种法律的少年。所谓无人抚养和被遗弃的少年，具体包括以下几类少年：①贫困的、无家可归的，或者被遗弃的；②依靠救济生活的；③没有家长的适当照管或者监护的；④经常乞讨或者接受施舍的；⑤同名声败坏或者腐化堕落的人一起生活的等。另外，8岁以下叫卖兜售物品或沿街演唱歌曲、演奏乐器或者从事任何公共娱乐活动的少年也被纳入该法的管辖范围之中。

（2）日本。

《日本少年法》所规定的非行少年包括以下三类。一是实施了触犯刑罚法律行为的少年，在理论上一般将这类少年称为犯罪少年。二是不满14周岁，实施了触犯刑罚法规行为的少年，这类少年一般被称为触法少年。三是有下列情形之一，根据其性格和环境判断将来可能犯罪或者实施触犯刑罚法规行为的少年：①一向不服从保护者的正当监督的；②无正当理由不回家的；③与有犯罪倾向或不道德的人交往，或者经常出入下流场所的；④实施损害自己或他人品德的行为。这类少年一般被称为虞犯少年。

（3）德国。

《德国少年法院法》规定，少年法院管辖少年或者未成年青年触犯刑罚法律的行为，而对于虞犯行为，没有被纳入少年法院的管辖范围之内。

（4）我国台湾地区。

我国台湾地区少年法院的管辖范围包括以下两类情况。一是少年有触犯刑罚法律之行为者。二是少年有下列情形之一，依其性格及环境，而有触犯刑罚法律之虞者：①经常与有犯罪习性之人交往者；②出入妨害身心健康场所或其他少年不当进入之场所；③逃学或逃家；④无正当理由携带具有杀伤力之器械、化学制剂或其他危险物品；⑤深夜游荡；⑥对父母、尊长或教师态度傲慢，举止粗暴；⑦于非公共场所或非公共得出入之职业赌博场所，赌博财物；⑧以威胁之言语、举动或其他方法调戏他人；⑨持有猥亵图片、文字、录影带、光碟、出版品或其他物品；⑩加暴行于人或互相斗殴未至伤害；⑪无正当理由跟追他人，经劝阻不听；⑫藉端滋扰住户、工厂、公司行号、公共场所或公众得出入之场所；⑬吸烟、嚼槟榔、饮酒或在公共场所高声喧哗；⑭无照驾驶汽车、机车；⑮其他有妨害善良风俗或公共秩序之行为。[1]

从上述国家和地区的法律规定看，将少年触犯刑罚法律的行为纳入少年法院的管辖范围之中，各国的规定比较

---

① 李伟主编：《少年司法制度》，北京大学出版社2017年版，第7页。

一致。而对少年的虞犯行为，是否应该纳入少年法院的管辖范围，由少年司法机关施以一定处遇，各国或地区的规定则不相同。一般认为，将虞犯作为少年法院管辖的内容，是因为“不良少年是常习犯的后备军，因此，应当说，真正重要的是，在不良少年阶段就消除其犯罪的萌芽。在对少年的刑事政策上，必须将其看作未来的常习犯罪人，从保护社会和少年自身的两方面来考虑，因此，有必要将不一定有社会危险性或侵害性的行为或品行把握为不良行为，并把它作为对少年进行处遇的契机”①。因此，“将虞犯导入少年的不良行为之中，是体现早期发现、早期预防的理念的，目的在于当犯罪尚未发生时便予以制止”②。在“少年法中，是把因欠缺责任能力而在刑法上不构成犯罪的实施触犯刑法行为的少年，乃至连犯罪构成要件本身都不符合，但具有虞犯事由的少年作为其规制对象。这是少年法属性的一种体现，即少年法并不是针对过去行为进行处罚，而是面向将来，旨在改善、教育少年，防止其再度实施违法行为”③。

---

① ［日］大谷实著：《刑事政策学》，黎宏译，法律出版社 2000 年版，第 327 页。

② ［日］大谷实著：《刑事政策学》，黎宏译，法律出版社 2000 年版，第 328 页。

③ ［日］川出敏裕，金光旭著：《刑事政策》，钱叶六等译，中国政法大学出版社 2016 年版，第 270 页。

第三节　我国少年罪错范围的界定

一、我国少年的确定

从个体发展的角度来看，一个自然人的成长期可以划分为婴儿期、儿童期、少年期、青年期、成年期等，对这些成长期的划分可以根据单纯的年龄标准来进行，这有利于研究个体在不同时期的生理、心理特征。在少年司法制度中，对于“少年”的界定，并不是一个单纯的年龄问题。年龄和罪错的范围一旦确定，就意味着少年会进入少年司法的领域，其不当行为会受到国家的干预，并施以一定处分，这些干预措施会对其一生产生重大影响，也会对其他少年的行为产生示范效应，而且还会造成国家司法资源的大量投入，因此必须慎重。

根据我国《未成年人保护法》《预防未成年人犯罪法》《治安管理处罚法》的相关规定，少年（未成年人）是指不满 18 周岁的人。我国《刑法》对刑事责任年龄做了规定。《刑法》第 17 条规定，已满 16 周岁的人犯罪，应当负刑事责任。已满 14 周岁不满 16 周岁的人，犯故意杀人、故意伤害致人重伤或者死亡、强奸、抢劫、贩卖毒品、放火、爆炸、投放危险物质罪的，应当负刑事责任。已满 14 周岁不满 18 周岁的人犯罪，应当从轻或者减轻处罚。因不满 16 周岁不予刑事处罚的，责令他的家长或者监护人加以管教；在必要的时候，也可以由政府收容教养。因此，我国《刑法》规定的刑事责任年龄最低为 14 周岁。但在处罚上，对不满 18 周岁的少年犯罪，一律从轻或者减轻处罚。基于刑法的规定，也可以认为我国《刑法》规定的少年年龄的最高界限为 18 周岁。因此，从我国相关法律的规定来看，少年就是指不满 18 周岁的人。

笔者认为，将少年年龄的最高界限划定为 18 周岁，符合我国的现实状况。因为这一年龄阶段的人，生理和心理尚未成熟，还处于生长发育阶段。一方面，他们大多处于中学求学阶段，从社会观念上说，一般也会认为他们尚未成年，属于少年；但另一方面，对少年的年龄下限也应当予以划定。从我国实际情况来看，不满 12 周岁的人，由于年龄过小，他们通常也不会实施较为严重的越轨行为，即使实施了较为严重的越轨行为，也不应当由国家司法机构予以干预，可以求诸其他社会福利机构予以解决。而年满 12 周岁不满 18 周岁的人如果实施罪错行为，应当由法律介入予以应对，一般人也都会予以认同。在构建我国的少年司法制度的过程中，将少年界定为 12 周岁以上不满 18 周岁的人，比较符合我国当前的政治、经济、文化和社会条件。对于 12 周岁以上未满 18 周岁的少年，无论其行为为严重不良行为还是触犯刑罚法律的行为，均由少年司法机构予以裁判，施以相当处遇。

二、我国少年罪错范围的确定

少年的哪些行为应当纳入少年司法组织的管辖范围，

并由国家采取一定的措施予以干预，是一个需要慎重对待的问题。将少年的何种行为纳入少年司法的管辖范围，其标准应当为：不能过早地对少年的越轨行为进行国家干预，因为如果国家过早干预，反而不利于他们的健康成长；而对少年实施的较为严重的越轨行为，又不能放弃不管，在少年实施较为严重的越轨行为，不予干预就会对他们的成长产生负面影响，就会使他们无法完成正常的社会化时，国家就不得不介入，以使少年脱离使其成长不利的家庭和社会环境，以利于其健康成长。

根据我国《刑法》《刑事诉讼法》《未成年人保护法》《预防未成年人犯罪法》等法律的规定，我国将少年违法行为分成了三个不同的层次，即一般不良行为①、严重不良行为和犯罪行为，这三个层次比较全面地概括了少年违法行为的现状。

除了我国《刑法》规定的犯罪行为外，还有我国《预防未成年人犯罪法》规定的不良行为。该法第三章对少年一般不良行为作了规定。少年一般不良行为是指少年所实施的轻微违法或违背社会公德的行为。根据该法第 14 条的规定，少年一般不良行为具体包括以下几种情形：旷课、夜不归宿；携带管制刀具；打架斗殴、辱骂他人；强行向他人索要财物；盗窃、故意毁坏财物；参与赌博或者

① 我国《预防未成年人犯罪法》第三章规定的是“对未成年人不良行为的预防”，此处的不良行为实质就是一般不良行为，为与“严重不良行为”相区分，本书使用“一般不良行为”的说法。

变相赌博；观看、收听色情、淫秽的音像制品、读物等；进入法律、法规规定少年不适宜进入的营业性歌舞厅等场所；其他严重违背社会公德的不良行为。

我国《预防未成年人犯罪法》第四章对少年的严重不良行为作了规定。少年严重不良行为指少年所实施的严重违反社会公共生活准则和法律规定，有较大的社会危害性，但尚不够刑事处罚的违法行为。根据《预防未成年人犯罪法》第 34 条的规定，少年严重不良行为主要包括以下几种情形：纠集他人结伙滋事，扰乱治安；携带管制刀具，屡教不改；多次拦截殴打他人或者强行索要他人财物；传播淫秽音像制品或者读物等；进行淫乱或者色情、卖淫活动；多次盗窃；参与赌博，屡教不改；吸食、注射毒品；其他严重危害社会的行为。

结合上述现有法律的规定，在确定我国少年罪错的范围时，应当根据少年实施的行为危害程度，以及国家介入的必要性，将少年触犯刑法的行为和严重不良行为纳入少年司法组织的管辖范围，由少年司法机关施以一定的处分，以达到既保护少年的健康成长，防止其进一步实施更为严重的危害行为，又保护社会不受其进一步侵害，对被害人进行适度安抚的目的，具体的制度设计如下。

（1）将已满 12 周岁不满 18 周岁的少年实施的触犯刑法的行为，纳入少年审判组织的管辖范围。

我国《刑法》第 17 条、第 49 条对少年犯罪的处理作了原则性的规定。根据这些规定，对未成年人犯罪的处罚，贯彻从轻、减轻原则。已满 14 周岁不满 18 周岁的人犯罪，应当从轻或者减轻处罚。因不满 16 周岁不处罚的，责令他的家长或者监护人加以管教；在必要的时候，也可以由政府收容教养。对犯罪时不满 18 周岁的人，不适用死刑。除此之外，根据最高人民法院的相关司法解释，对未成年犯罪人的缓刑、假释、减刑等的适用条件做了适当程度的放宽。

笔者认为，我国对少年的触犯刑法的行为由人民法院按照成年人刑事法律进行处理，对其施以刑罚。这种做法实际上是将少年犯罪与成年人犯罪等同对待，这既不利于少年犯罪的预防，也不利于犯罪少年重新回归社会，还背离了少年司法的基本理念，应当予以改变。理想的做法可能是，将已满 12 周岁不满 18 周岁的未成年人实施的触犯刑法的行为，原则上应先交由少年审判组织，由少年审判组织按照保护程序进行审理，在符合条件的情形下，首先考虑施以保护性处分，以贯彻保护处分优先主义的原则。如果经过少年审判组织的审理，对于年满 14 周岁的少年，其实施的是《刑法》第 17 条规定的八种犯罪；年满 16 周岁的少年实施触犯刑法的行为，犯罪性质比较严重，危害较大，少年亦表现出较大的恶性，或者案件出现复杂的事实、证据等情形，而施以保护处分尚不足以对其进行教育和挽救，此时，应当通过舍弃管辖，将其交给成年人刑事法庭按照刑事诉讼的程序进行处理。

（2）对于少年的严重不良行为，应当将其纳入少年司法组织的管辖范围。

目前，我国对严重不良行为构成违反治安管理，或者违反治安管理、尚不够刑事处罚的行为，则由行政机关进行处理，但由于在适用一些处分时过于严厉并且缺少司法审查极易造成对公民权利的侵害而受到很多学者的诟病。在划定我国少年罪错的范围时，将少年触犯刑罚法律的行为纳入少年司法组织的管辖范围应当没有什么疑问，而对于少年的严重不良行为是否应当纳入少年司法组织的管辖范围，则需进一步研究。

笔者认为，目前我国相关法律规定的少年严重不良行为和一些西方国家少年法规定的虞犯行为基本相同。从我国现实情况出发，将少年的严重不良行为纳入少年审判组织的管辖范围，由少年审判组织对其施以相当的处遇，对于防止这些少年进一步实施触犯刑罚法律的行为无疑是有积极意义的。犯罪学的研究表明，少年的犯罪行为与其早期的非法关系密切。据郭翔教授主持的“八省市青少年违法犯罪调查”项目发现，有的违法犯罪青少年早在6岁时就有劣迹（打架、斗殴、偷窃等），一般8～13岁染有劣迹的逐渐增多。对北京市公安部门查获一个8人组成的少年抢劫、强奸团伙的调查发现，这些孩子早在8、9岁时就有劣迹。[1] 基于此，在少年实施更为严重的违法犯罪行为之前，通过少年司法组织的介入并对其施以相当保护性处遇，是有利于少年的健康成长的。在这个意义上，将虞犯少年纳入少年司法组织的管辖范围之内，是有其合理性和必要性的。因此，对于少年的严重不良行为，少年司法组织应及时进行介入矫正，防止发展成犯罪。对于具有严重不良行为有可能犯罪的少年来说，通过国家适度干预，及时地矫正其行为是最符合其利益的做法。

综上，应当将少年的严重不良行为纳入少年司法组织的管辖范围，与少年触犯刑罚法律的行为一起统称为少年罪错。这样，对于有严重违法行为的少年是否需要施以保护处分，需要施以何种保护处分都应由少年司法组织作出裁判。需要指出，对于严重不良行为这种少年罪错，只能由少年司法组织施以保护性处分，不论其行为如何严重，只要没有触犯刑法，少年司法组织就不能通过舍弃管辖，将案件移交成年人刑事法庭。

（3）对于少年的一般不良行为，可不将其纳入少年司法的管辖范围，而选择交由家庭、学校或者其他少年福利机构进行处理。

目前，我国对少年的一般不良行为既不是按照刑事法进行处理，也不是按照行政法进行处理，而是采取了一些

---

① 郭翔："中国的少年犯罪和少年司法制度"，载《青少年犯罪问题》，1996 年第 2 期。

社会性的处理方式。首先，对于少年的一般不良行为，由于其行为社会危害性小，对于实施了一般不良行为的少年，尚不足以显示出其具有较大的人身危险性和司法干预的必要性，可不纳入少年审判组织的管辖范围，交由其他社会机构进行社会性的、非司法性的处理方式较为适当。其次，如果将一般不良行为的少年纳入少年司法体系，也会没有必要地增大少年司法机关的工作范围，其效果反而会令人不满意。最后，将少年不良行为纳入少年司法机构的管理范围，伴随其产生的标签效应，还有可能给少年造成不良影响。因此，对于少年的一般不良行为，可不将其纳入少年罪错的范围，将其排除在少年司法组织的管辖范围之外，诉诸家庭和学校教育就可以予以有效矫正，或交由其他社会机构处理较为适当。在这一点上，对少年一般不良行为的处理，不应称为少年司法制度的组成部分。

第四章

保护处分

保护处分乃针对具有非行[①]表征危险性之儿童及少年，为了促进其健全成长，而提供具有福利教育内容的处分。[②] 保护处分的目的并不在于对罪错少年的惩罚，而重在对罪错少年的保护、教育，通过对罪错少年生长环境的调整、人格的矫正，使他们能够重新回归社会，融入正常的社会生活。在以“将少年违法者从成年罪犯中区分出来，社会永远都应该将少年违法者作为一个‘孩子’来对待，而不是作为一个‘罪犯’来对待，使他们复归社会而不是惩罚他们是最为重要的目标”[③] 为基本理念的少年司法制度中，保护处分是对罪错少年最为重要的处遇措施。

第一节 保护处分的兴起

保护处分源于英美普通法上所谓“Parents Patriae”的监护观念。“Parents Patriae”是拉丁语，意思是“国家之父”（Father of his country）或“国家之父母”（Father of

---

① 即少年罪错。

② 许福生：《刑事政策学》，中国民主法制出版社2006年版，第265页。

③ Larry J. Siegel and Joseph J. Senna：*Juvenile Delinquency.* West Publishing Company，p6.

the country）。在这种观念下，那些有罪错行为的少年被认为和心神丧失以及无行为能力的少年属于同一种类，他们被认为是在家里受到不当对待、监管和治疗的受害者。罪错少年的这些违法行为被看作国家在其进行更为严重的犯罪行为之前应当介入和采取控制措施的征兆。如果罪错少年具有进行更为严重的违法行为或犯罪行为的危险，那么国家就应该通过其相应机构，为了罪错少年的最佳利益（Best interests of child）而采取适当的行为，以防止他们进行更为严重的违法行为或者犯罪行为。因此，国家应当代替这些罪错少年的父母行使监护权，对这些孩子进行照管和保护。这就意味着对罪错少年不能因为他们的错误行为而运用惩罚措施，而应当代之以必要的保护和监管，以便对罪错少年的这些错误行为进行补救和控制。

保护处分的产生不仅有着久远的法律渊源，而且有着深厚的理论基础。将少年犯罪人从成年犯罪人中分离出来，并采取不同于成年人的法律制度予以应对，是人类对于少年儿童本身的认识不断深化的结果。在人类发展的历史过程中，很长时间以来人们都没有形成对儿童[①]的正确看法，儿童概念被淹没在成年人概念之中。在古代，人们尚未发现儿童与成人有着根本的不同，就整个的社会意识

① “儿童”一般是指年纪比少年小的未成年人，而“少年”则是指人十岁左右到十五六岁的阶段。[《现代汉语词典》（第6版），商务印书馆2012年版，第343页、第1144页] 但在教育学和心理学中，“儿童”的概念所提到的儿童并不仅仅局限于“年纪比少年小的未成年人”，少年甚至一部分青年实际上也被包含在其中。

而言，还没有在意识水平上把儿童和成人这两个概念从宽泛的“人”的概念中区分出来，儿童被视为“他们父母的小的翻版”（Small version of their parents），是“小大人”。在这样一种观念的支配下，“孩子们得到的不是什么‘儿童’的待遇，而是被当作小大人来看的”[①]。因此，少年的社会地位和成年人基本相同，可以将他们和成年人一样同等对待，包括对他们触犯刑罚法律的行为，这样，和成年人一样，对于有犯罪行为的少年，刑罚就成为唯一的选择。尽管各国、各地区法律均有对罪错少年从轻处理的规定，但在对罪错少年施以刑罚这一点上，社会对于少年犯罪的回应并没有和成年人犯罪有任何原则的不同。17 世纪，在启蒙思想家的引导下，人们对儿童有了新的看法，认识到儿童期不仅仅是为将来的成人生活做准备，儿童期有其独立存在的价值，这一观念促成了儿童的概念从成人概念中的分离。之后，欧洲的一些教育学家、心理学家掀起了“教育心理学化”运动，主张对儿童的教育应以心理学规律为依据。19 世纪向 20 世纪的过渡中，随着科学儿童心理学的建立，各国广泛展开教育改革运动，“尊重儿童”的呼声日益高涨。1899 年，瑞典教育家爱伦·凯发表了名为《儿童的世纪》的著名著作，引发了突破世纪性的儿童教育运动，同时引发了社会上各种有关社会关系和制

---

① ［美］理查德·扎克斯著：《西方文明的另类历史》，李斯译，海南出版社 2002 年版，第 3—13 页；转引自姚建龙著：《长大成人：少年司法制度的建构》，中国人民公安大学出版社 2003 年版，第 2 页。

度的变化。有关儿童心理学、教育学、精神医学等方面的研究，都得到了突飞猛进的发展，这些新兴学科不断融合、互相影响，各种学术思想之间最终形成了一项共识：儿童并非小大人，他们应有其本身特殊的社会地位，和成年人相比，他们的社会地位应当更为优越。人们认识到：儿童是一个独立存在的社会主体，不是依附于成年人而存在。

新型、科学的儿童观念的产生对各国法律制度产生了极其深远的影响。在对少年犯罪进行处理的问题上，这种新型的儿童观念迫切要求改变过去将少年犯罪与成年人犯罪等同处理的做法，采取一种与刑罚有着本质不同的应对措施对少年犯罪进行处理，保护处分随之产生。

新型教育刑观念对保护处分的产生起到了极大的推动作用。19 世纪，刑事实证学派的学者吸收了科学发展的新成果，从犯罪人的角度对犯罪原因进行了更为科学的研究，并对刑事古典学派所倡导的自由意志和报应刑论进行了批判。例如，菲利认为“古典派犯罪学注意的仅仅是刑罚，注意在犯罪发生后借助于精神与物质方面有各种可怖后果来确定镇压措施……这种惩罚可以在短期内防止罪犯再犯新罪。显然除非已有犯罪行为否则刑罚是不可能施加于他的。他是一种针对结果而采取的措施，而没有触及犯罪的原因与根源”①。刑事实证学派的思想家们指出，刑

① ［意］菲利著：《实证派犯罪学》，郭建安译，中国政法大学出版社 1987 年版，第 38—39 页。

罚在预防犯罪方面所起的作用并不像人们想象的那样令人满意。菲利指出，“迄今为止一直被认为是救治犯罪疾患最好措施的刑罚的实际效果比人们期望于它的要小”[①]，而李斯特则认为“刑罚虽然是对犯罪的有力方法，但是，不是唯一的方法，而且也不是最有力的方法”[②]。

因为强烈地意识到以报应刑为中心的刑罚制度是很不完善的，刑事实证学派提出了教育刑的主张，即刑罚应当“通过改变罪犯的人格使之会遵守法律的命令而可以被用以预防犯罪”[③]，“刑罚是教育，否则，没有其存在理由”[④]。刑事实证学派指出要以反社会性的强弱为标准对犯罪人进行分类，谋求与其相应的威吓、改善、排害等刑罚的个别化，“矫正可以矫正的罪犯，不能矫正的罪犯使其不为害”，从而达到防卫社会的目的。为了保卫社会，刑罚要以教育犯罪人、谋求其再社会化为目的，要重视通过改善犯罪人本身来预防犯罪。在此基础上，刑事实证学派还提出了保安处分的概念，指出由于某些行为人具有实

---

① ［美］理查德·扎克斯著：《西方文明的另类历史》，李斯译，海南出版社2002年版，第3—13页；转引自姚建龙著：《长大成人：少年司法制度建构》，中国人民公安大学出版社2003年版，第37页。

② 参见［日］大塚仁著：《刑法概说（总论）》，冯军译，中国人民大学出版社2003年版，第38页。

③ 参见邱兴隆著：《关于惩罚的哲学（刑罚根据论）》，法律出版社2002年版，第7页。

④ ［美］理查德·扎克斯著：《西方文明的另类历史》，李斯译，海南出版社2002年版，第3—13页；转引自姚建龙著：《长大成人：少年司法制度建构》，中国人民公安大学出版社2003年版，第39页。

施危害社会行为的危险性，因而应该预先采用保安处分，以防止他们对社会造成现实的危害。

尽管刑事古典学派和刑事实证学派的争论并没有结束，人们关于刑罚的观念也远远没有实现统一，但是在对少年犯罪进行法律应对的过程中，考虑到少年犯罪人的生理、心理特点，实证学派的主张却占有绝对统治的地位，“古典派与现代派之争，并无决定性之胜负。唯李斯特思想，显然于少年刑法之领域中，居于领导地位”[①]。即使少年实施了和成年人相同的触犯刑罚法律的行为，但考虑到其生理、心理及所处的环境，采用最有利于其重新回归社会的手段，对其施以个别化的教育而不是惩罚，才能对罪错少年的健康成长产生积极的影响。因此，刑事实证学派的主张对于保护处分的产生起到了极大的推动作用。

第二节 保护处分的法律性质

虽然刑罚、保安处分和保护处分都是国家对犯罪的回应，但是，它们却有着显著差异。

保护处分不同于刑罚。刑罚是对犯罪人的一种痛苦和

---

① 沈银和著：《中德少年刑法比较研究》，台湾五南图书出版公司 1988 年版，第 7 页。

损害，惩罚性是刑罚的本质。[①] 而保护处分是一种以教育、福祉措施为内容的教化育成处分，设置保护处分的目的在于使违法犯罪的少年改过迁善，避免再犯，以利于其健康成长。保护处分的执行方法着重于矫正违法犯罪少年的性格、调整其生活环境，而不是侧重对违法犯罪少年进行惩戒，因为人们已经认识到，对犯罪的少年适用刑罚没有太大的意义，刑罚或许可以取得一时的功效，但是，如何让犯罪的少年不再与犯罪为伍，使他们健康地成长，就这种长期性的观点而言，教育辅导的理念相当重要。正如德国少年法学家彼得斯所指出的："少年犯罪问题，并非在于追究少年以往所作所为，而为对待反应。乃在于探求何种措施，可帮助少年，克服其困难，循其要求，使其于社会上毫无障碍的，完成其企求之生活目的。引导之方略，应排除'社会之谴责''社会地位之低贱'以及'社会价位之微细'，以教育思想代替刑罚之概念"[②]。对于犯罪的少年而言，"为了防止他们再犯，更为了他们在将来成年时不再犯罪，宽容其违法、犯罪，宁可放弃对其已犯行为的惩罚，而施之以教育"[③]。因此，保护处分与具有浓厚惩

---

① 尽管刑事实证学派极力主张教育刑论，但无论如何，刑罚都是对犯罪人的一种惩罚。

② ［美］理查德·扎克斯著：《西方文明的另类历史》，李斯译，海南出版社2002年版，第3—13页；转引自姚建龙著：《长大成人：少年司法制度建构》，中国人民公安大学出版社2003年版，第58页。

③ 王牧："我国应当尽快建立少年司法制度"，《人民法院报》，2003年1月6日。

罚色彩的刑罚截然不同，而特别强调对犯罪少年的保护与教育。

在刑法中，刑罚的适用强调罪与刑的对应关系，有罪必刑，无罪不刑，刑当其罪，罪刑相当是刑罚适用的基本原则。但是，保护处分自诞生之初，即以替代刑罚措施的角色出现，打破了犯罪与刑罚之间的对应关系。基于保护主义立场，主张有罪不刑、刑不当罪，保护处分具有替代刑罚、优先于刑罚的效力。另外，基于对少年犯罪预防于前的观念和保护思想，防止有轻微违法犯罪的少年演变成为成熟的犯罪人，对于没有犯罪行为但有不良行为，有可能会导致将来犯罪的虞犯少年，也可适用保护处分，这样，保护处分就打破了传统的无罪不刑的逻辑关系。同时，在对犯罪少年适用保护处分的过程中，司法机关对保护处分的适用进行严格控制，只对那些确实需要保护的少年施以保护处分。对于一过性的少年违法事件，不施以保护处分，而期待他们自行改过。将对少年的教育首先交给父母和学校[①]等，这样，保护处分就打破了传统的有罪必罚的逻辑关系。

保护处分不同于保安处分。保安处分是着眼于行为人具有社会危险性，以对行为人进行社会保安和对其本人进

① ［日］西原春夫著：《日本刑事法的重要问题》，金光旭等译，中国法律出版社、日本国成文堂联合出版2000年版，第171页。

行改善、治疗等为目的的国家处分。[1] 一般认为，保安处分是随着刑事实证学派的产生，作为刑罚的替代措施而出现的。而保护处分则是在保安处分的基础上，出于对行为人的特殊保护而登上历史舞台的。但在大陆法系的国家和地区，在保护处分和保安处分的关系问题上，则存在着一元论与二元论之争。

保安处分与保护处分一元论者认为，保护处分是保安处分的一种。一些国家和地区立法对此有所体现。例如，《意大利刑法典》第 224 条第 1 款规定："未满 14 岁人犯法定罪行，且有危险者，推事特别斟酌行为之轻重及家庭伦理状况，令入司法感化院或付保护管束处分。"第 225 条第 1 款规定："满 14 岁而未满 18 岁未成年人认可归责者，推事酌前条第 1 款所列情状，得于刑之执行后，收容于司法感化院或付保护管束。"基于立法上的规定，一些大陆法系国家的学者在论及保护处分时，也将保护处分作为保安处分的一种特殊情况来对待。例如，德国刑法学家李斯特就将《德国少年法院法》所规定的教育与矫正处分列为保安处分的第一种；[2] 日本学者大塚仁在论及"现行法上的保安处分"时，也将对少年

---

① ［美］理查德·扎克斯著：《西方文明的另类历史》，李斯译，海南出版社 2002 年版，第 3—13 页；转引自姚建龙著：《长大成人：少年司法制度建构》，中国人民公安大学出版社 2003 年版，第 506 页。

② ［德］李斯特著：《德国刑法教科书》，徐久生译，法律出版社 2000 年版，第 447 页。

的保护处分列为现行法上的保安处分的第一种。[①] 这些学者认为，保护处分，“在剥夺、限制自由时，也以对对象本人的改造自新为目的；从其希望达到防卫社会的效果及处遇期间的不确定性等来看，似乎也可以将其纳入保安处分的框架之内”[②]。“在以不良少年的健康成长为终极目的的同时，也考虑到了少年所特有的人格的可塑性，从保护少年的角度出发，以清除其不良性格为目的，因此，在以少年的危险性为根据一点上，保护处分也不外是保安处分的一种。”[③]

但是，近些年来，二元论的主张有很大发展。持保安处分与保护处分二元论的学者认为，保护处分和保安处分的制度背景及适用基础均存在着诸多差异。首先，保安处分和保护处分产生的背景不同。保安处分立足于消除行为人实施犯罪的危险性，一旦危险性得以消除，那么，保安处分的使命便告以结束；而保护处分不仅仅要消除少年进行违法犯罪行为的危险性，还必须使受到保护的少年将来能够进行正常的社会生活。因此，保安处分制度是基于保卫社会的政策而建立的法律制度，而保护处分则是基于对

---

① ［美］理查德·扎克斯著：《西方文明的另类历史》，李斯译，海南出版社 2002 年版，第 3—13 页；转引自姚建龙著：《长大成人：少年司法制度建构》，中国人民公安大学出版社 2003 年版，第 512 页。

② ［日］大谷实著：《刑法总论》，黎宏译，法律出版社 2003 年版，第 411 页。

③ ［美］理查德·扎克斯著：《西方文明的另类历史》，李斯译，海南出版社 2002 年版，第 3—13 页；转引自姚建龙著：《长大成人：少年司法制度建构》，中国人民公安大学出版社 2003 年版，第 98 页。

少年进行特殊保护的福祉性政策而建立起来的。其次，保安处分和保护处分的制度基础不同。保护处分是以保护的必要性即“要保护性”为基础，完全是为了对少年进行保护，以教育、改善、医疗、救助和监视为内容。而保安处分则以行为人的人身危险性为基础。[①] 从这种立场出发，持二元论的学者认为，将保护处分规定在普通刑法之中并不恰当，应当将保护处分从保安处分中独立出来，规定在独立的少年法中。[②]

笔者认为，在保安处分与保护处分的关系问题上，二元论的主张是妥当的。保安处分的立足点在于行为人的人身危险性，出于社会防卫的需要，是一种刑罚的补充措施。虽然保护处分脱胎于保安处分，但其立足点却不是为了保卫社会，而是为了保护罪错少年，保证罪错少年的健康成长，避免他们将来发展成为成熟的犯罪人。对于罪错少年的健康成长来说，只要需要国家介入，就可以对罪错少年适用保护处分。这样，保护处分的适用，不在于防止社会遭到少年违法犯罪行为的侵害，而在于保证罪错少年的健康成长，在这一点上，保护处分与以社会本位为特色的保安处分具有本质的不同。

---

① ［美］理查德·扎克斯著：《西方文明的另类历史》，李斯译，海南出版社2002年版，第3—13页；转引自姚建龙著：《长大成人：少年司法制度建构》，中国人民公安大学出版社2003年版，第411页。

② 林山田著：《刑罚学》，台湾商务印书馆，第356页。

第三节　保护处分的种类

针对少年罪错，不同国家和地区规定了种类不同、形式各样的保护处分，以分别情形，针对不同的少年罪错，予以适用，以期达到保护、教育罪错少年，促使其走上正常的成长道路的目的。

一、英国

英国少年司法制度并没有采用保护处分的概念，对于类似保护处分的措施称为“社区判决”（Sentence to the community）。这种判决是一种非拘禁的处罚措施，通常是将罪错少年送回其所在社区进行教育和管理。社区判决包括以下几种具体形式。

（1）社区复归和惩罚令（Community rehabilitation and punishment order）。

这一法令只针对 16～17 岁的罪错青少年。它是把社区惩罚令和社区复归令二者的有关规定综合在一起执行，期限为 12 个月至 3 年，有关罪错青少年将在此期间从事 40～100 小时的无报酬的社区劳动。

（2）监管令（Supervision order）。

这一法令针对 10～18 岁的罪错少年。监管人员将尽力帮助少年，并提供咨询，防止他们重新犯罪，使他们认识到自己行为的危害性及对受害者造成的伤害和对自己、父母及朋友造成的影响。监管人员还将帮助罪错少年解决在学校或家庭中遇到的问题，参加罪错少年在业余生活中参加的活动。监管时间最长可达 3 年。违反这一法令的当事青少年将被重新送上法庭审判。

（3）社区复归令（Community rehabilitation order）。

这一法令针对 16 ~ 17 岁的罪错青少年。它由青少年犯罪工作队（Youth offending team）① 执行，包括要求当事青少年参加一些诸如修复其犯罪行为危害、认识其犯罪行为影响的项目或者是集中监督和监视项目。

（4）社区惩罚令（Community punishment order）。

这一法令针对 16 ~ 17 岁的罪错青少年，它要求当事青少年完成 40 ~ 240 小时的社区义务劳动。劳动的范围可以是环境保护、木工及为老年人和其他弱势群体服务等。

（5）行动计划令（Action plan order）。

青少年工作队将制定一个帮助当事青少年改正不良行为的计划。当事青少年必须定期与青少年犯罪工作队成员会面，并参加一些特定的活动，比如家庭作业俱乐部及一些培训课程和出席中心的活动，但不能去一些容易制造麻

① 青少年犯罪工作队是英国司法体系中的重要组织。它根据 1998 年《英国犯罪和骚乱法例》的要求，自 2000 年 4 月 1 日起在英国每一行政区普遍建立。青少年犯罪工作队由一些具有不同技能和经验的服务人员组成，包括警察、社会工作者、缓刑监督官、教育福利官和卫生工作者，参与青少年司法全过程，包括承担适当成年人的角色；做已经受到最终司法警告的青少年工作；为刑事法院起草有关青少年罪犯的改造即宣判前报告（Pre - sentence reports）等。青少年犯罪工作队还保证法院的判决命令在宣判后得以全面执行，负责向法院汇报对这些命令的执行情况。

烦的特殊地区，比如商店或博物馆等地方。

（6）出席中心令（Attendance centre order）。

当事青少年必须每月出席两次特别活动中心的活动，通常是周六下午，参加一些活动或体育运动。这些活动通常是由警察部门组织，在学校体育馆举行。如果当事青少年是14岁以下，这一命令规定的活动时间最高可达24小时。对于16～21岁的当事青少年来说，可达12～36小时。

（7）移交令（Referral order）。

第一次犯罪且承认有罪的青少年将被判以移交令，除非所犯罪行非常严重，不得不判处拘留监管。移交令一旦判决，当事青少年及其父母、受害人一起制定一项合同，使当事青少年参与其中，使其认识到其行为的危害性，合同期为3～12个月不等。

（8）补偿令（Reparation order）。

根据这一法令，当事青少年将通过做一些事情来补偿自己行为造成的伤害。青少年犯罪工作队的一个成员将在与受害者会面后决定当事青少年通过何种方式进行补偿和道歉，并修复犯罪行为带来的损害。或者是要求当事青少年写信致歉，或者是要求当事青少年与受害人见面来倾听他们的行为造成的伤害，或者是修复受到破坏的东西，或者是为受害者和社区做一些无报酬的工作。

以上法令可以单独判决，也可以合并判决。所有的社区判决令还可被附加以下三种法令。第一，宵禁令

(Curfew order)。这一法令要求当事青少年每天在2~12小时不等的时间内待在一个特定的地方。对16岁及以上的当事青少年实行这一法令，其宵禁时间不能超过6个月，16岁以下的当事青少年则不能超过3个月。第二，父母令(Parenting order)。父母令的目的是为了强化和帮助父母树立起责任心。这一法令由两部分组成。一是要求父母或监护人参加持续时间为3个月的咨询或指导会；二是鼓励父母找出能够控制自己孩子行为的方式。这一法令执行时间可以持续12个月。第三，戒毒令（Drug treatment and testing order)，这一法令是针对那些有吸毒行为的16岁以上的青少年，法庭须在判决前征得当事青少年的同意。这一法令持续时间为6个月至3年不等，当事青少年定期在社区进行戒毒测验和治疗。

二、德国

《德国少年法院法》对罪错少年的处遇方式共有三种：一是教育措施，二是拘束措施，三是刑事处分。拘束措施是介于教育措施与刑事处分之间的过渡处分。虽然《德国少年法院法》并没有采用保护处分的概念，但就教育措施和拘束措施的内容而言，其具有保护处分的性质。因此，可以认为德国的保护处分分为教育措施和拘束措施。

(1）教育措施。

教育措施主要有三种，即给予指示、教育辅助及养护教育。

给予指示。给予指示是对罪错少年给予生活上的“命令与禁戒”，其目的在于维持罪错少年正常的生活，使其具备社会对于正常少年所要求的品格。指示的内容大致有如下数项：指示罪错少年有关其居住处所应遵守的事项；命令罪错少年居住于某家庭或处所之内；命令罪错少年接受某学习场所或工作场所的职位；命令罪错少年达成某项工作成绩；禁止罪错少年与特定人员交往，或禁止其进入某些场所；对于违反交通规则的罪错少年，命令其接受交通课程学习。指示的期间由少年法官根据具体情况决定，但其最长期间不得超过 2 年，对此期间，少年法官可根据实际情况予以变更。如果 2 年内无法达到教育目的，可以将期限延长至 3 年。

教育辅助。教育辅助是少年署主持，为教育权人（少年的父母或者监护人）提供帮助、赞助、支持，以完成对罪错少年的教育措施。教育辅助是由少年署、教育权人以及指派的专家，三者紧密合作，协力辅导罪错少年的教育措施。

养护教育。养护教育是将罪错少年解送至一定设施，对其进行教育帮助的教育措施。养护教育可分为家庭式与院舍式两种。家庭式养护教育是将罪错少年寄养于他人家庭，对其进行教养。院舍式养护教育又可分为密封式和开放式养护教育，目前德国基本已经抛弃密封式的养护教育而以开放式养护教育为主。所谓开放式养护教育是将罪错少年解送至一定机构，例如青年会馆、宗教或慈善团体开设的教养院等机构内进行教养，其特征主要表现为不限制罪错少年的人身自由。

（2）拘束措施。

拘束主要有三种，即警告、赋予负担和少年拘禁。

警告。警告是最轻微的拘束措施，是根据罪错少年的行为情况，对其加以谴责，并警戒罪错少年，激发其荣誉心和羞耻心，使其为人处事有所警惕，将来不致再犯。

赋予负担。负担的种类有三种：恢复损害、向被害人道歉和向公益设施支付一定数额的金钱。如果罪错少年拒不履行法院判决的负担，则可适用拘禁处分。

少年拘禁。少年拘禁是最严厉的拘束处分，分为三级：假日拘禁、短期拘禁及持续拘禁。假日拘禁，是指对罪错少年在每周工作日终止后至下周工作日开始前予以拘禁。假日拘禁的次数为一次以上四次以下，每次为两日，最长不超过 48 小时。短期拘禁，是指对罪错少年施以短时期的拘禁，最长不超过 6 日。持续拘禁，是指对罪错少年施以一周以上四周以下、持续执行的拘禁。这种较长时间的拘禁，一般是作为教育处分向刑事处分过渡的中间处分而适用。

另外，如果罪错少年身心有缺陷或染有毒瘾，少年法官在得到专家的意见之后，可以将罪错少年交付适当场所，实施治疗，至其戒绝毒瘾或心理障碍痊愈为止，但如果罪错少年已年满 16 周岁，对其禁戒治疗，应征得罪错少年同意。

三、美国

美国各州少年法对罪错少年的保护处分，情况不尽相同，大致而言，包括以下各项：令罪错少年向被害人道歉并支付赔偿金；罚金；交付保护管束（Probation）；令入感化机关，施以感化教育（Commitment to an institution）；交付私人家庭（Poster home or family home）；交付其他公私立养护机关（Child care agency，Training school）予以监管。其中罚金只有少数州的少年法中有所规定。

四、日本

《日本少年法》规定的保护处分有三种，即保护观察、移送儿童自立设施或儿童教养设施、移送少年院。

保护观察。保护观察是将罪错少年送交其家庭，使其能够维持正常的社会生活，但由保护观察所进行监督和指导的处遇方式。

移送儿童自立设施或儿童教养设施。移送儿童自立设施或儿童教养设施是将罪错少年收容在儿童福利法所规定的儿童自立设施或者儿童教养设施内进行教育保护的一种处遇方式。

移送少年院。移送少年院是将罪错少年收容于少年教养院而对其进行教育和教养的保护措施。

五、我国台湾地区

我国台湾地区“少年事件处理法”规定的保护处分主要有：训诫，并得予以假日生活辅导；保护管束，并得为劳动服务；安置辅导；感化教育。

训诫。训诫是最轻微的保护处分，即以言词对罪错少年当面进行训谕、劝说、开导，由少年法官当庭指明罪错少年的不良行为，使其能认识到其行为的错误之处，决心改过迁善，重新做人。对罪错少年适用训诫时，可同时宣告假日生活辅导。假日生活辅导是少年法院在对罪错少年适用训诫的情况下，在训诫执行完毕后，将少年交付少年保护官或其他适当机构、团体或者个人。在假日期间，对少年施以个别或者群体道德教育，辅导其学业或其他作业。

保护管束。保护管束是少年法院将罪错少年交付少年保护官或其他适当机关、团体、个人，加以监督、管束、辅导与保护的教育措施。被保护管束的罪错少年，在保护管束期间，应当保持善良品行，不得与品格不良者进行交往；服从少年法院或执行保护管束者的命令；不得对被害人、告诉人或其他告发者寻衅；应将其身体健康、生活情况及工作环境等告知执行保护管束者；非经执行保护管束者的同意，不得离开受保护管束地 7 日以上。

安置辅导。与训诫、保护管束、假日生活辅导等非收容性处遇相比，安置辅导是一种收容性处遇，即将罪错少年交付于专门设立的福利或教养机构，使其获得妥善的保护、教养、矫治与辅导。

感化教育。感化教育同样为收容性处遇，是将罪错少年交付于少年辅育院，对其施以改变其性格、身心及生活环境的教育措施。

另外，我国台湾地区“少年事件处理法”规定，在对罪错少年适用上述保护处分之前或者同时，如果罪错少年染有烟毒或吸用麻醉、迷幻物品成瘾，或有酗酒习惯，可以令入相当处所实施禁戒；如果罪错少年身体或精神状态显有缺陷，可以令入相当处所实施治疗。

第四节　保护处分的适用

在对具有违法犯罪行为的少年适用保护处分的过程中，必须遵循一定的原则，否则，保护处分不仅不会达到保护罪错少年的目的，反而会侵害罪错少年的合法权利。

一、保护处分的适用对象

如前所述，保护处分的适用对象是少年罪错。少年罪错的范围包括少年实施的触犯刑法的行为，也有将虞犯少年纳入少年罪错的立法例。对于少年实施的触犯刑法的行为，经少年司法机关审理，首先考虑适用保护处分，只有在保护处分无法取得良好效果的情况下，才经由少年司法组织的舍弃管辖，而由成年人刑事法庭按照刑事诉讼程序施以刑罚。对于虞犯少年，由少年司法组织施以保护处分，而不能施以刑罚。

二、保护处分的适用原则

1. 保护处分法定原则

罪刑法定原则是现代法治国家的基本原则。罪刑法定原则要求，对于犯罪人适用刑罚，必须在法律明确规定的情况下才能进行。罪刑法定原则的确立对保障人权、限制国家权力的非正当扩张具有重大意义。在现代法治国家，任何公民都享有生命、自由、财产等基本权利，这些权利是公民参与社会活动和行使其他各种权利的前提。对于公民的生命、自由、财产等权利的限制和剥夺，必须依据预先制定的法律才能做出。否则，就会导致国家权力的滥用，使公民的权利受到国家的侵害。为了限制国家权力的滥用，罪刑法定的原则得以确立并成为现代法治国家的一项基本原则。

保安处分的适用同样应当遵循处分法定的原则。只有根据法律预先的明确规定，才能适用保安处分，除了法律明确规定的情形以外，对任何公民都不能适用保安处分。和罪刑法定原则一样，保安处分法定原则的法治价值同样在于限制国家机关运用保安处分的权力，以防止保安处分的擅断和滥施，从而保障公民权利免受国家的侵害。保安处分法定原则在一些国际法和国家的法律中有明确体现。

保护处分脱胎于保安处分，其设立的目的在于保护、教育少年，保证其健康成长，是出于少年最佳利益的考虑。但是，这种具有教育保护性质的保护处分毕竟是一种对自然成长中的少年的干预，对少年的权利尤其是少年的自由构成了一定程度的限制，如果运用不当，同样会使社会与少年两受其害。而且，和刑罚、保安处分的强制程度相比，保护处分的强制性的确要弱很多，并且它的设置是出于保护少年的目的，但是这并不意味着国家可以随意地适用保护处分对少年进行“保护”，如果不把保护处分的适用纳入法治的轨道之中，那么，极有可能出现的一种结果是：国家打着“保护”少年的旗号而滥用保护处分的权力，而且由于披着“保护”少年的外衣，这种权力的滥用更加不易为人们所发现，因而无法引起人们足够的警惕，这时，保护处分就会面临异化的危险。毫无疑问，这不仅不会给少年的健康成长带来有利影响，反而会造成对少年正当权利的极大侵害，违背设置保护处分的初衷。因此，由独立的司法机关根据预先制定的、明确的法律正当地适用保护处分是保护处分法定原则的必然要求。只有在法律对保护处分的对象、条件、种类、裁决、执行、变更、解除等实体性内容和程序性内容有明确规定的情况下，才能适用保护处分，除此之外，对任何少年都不能施以保护处分。因此，和罪刑法定原则、保安处分法定原则一样，保护处分法定原则同样是为了防止国家权力的滥用，有着和罪刑法定原则、保安处分法定原则同样的法治价值。

2. 保护处分优先原则

联合国有关未成年犯罪人处遇的刑事司法准则中，确立了“保护主义优先”的基本原则。其主要内涵是，对于未成年犯罪人，应侧重于帮助、教育，而不是压制、惩罚，惩罚只是最后手段，应把促进未成年犯罪人的健康和幸福作为少年司法的根本目的。

对于罪错少年，出于保护他们健康成长的考虑，防止他们发展成为成熟的犯罪人，设有少年司法制度的国家均以保护处分作为主要回应的方法，保护处分是对罪错少年的主要处遇。但是，因为罪错少年实施的一些重大犯罪案件，会给社会造成极大的损害，也会给被害人造成极大的损失，这时，如果仍然施以相对于刑罚而言较为轻缓的保护处分，就很难使保护处分教育作用得到发挥。也就是说，保护处分的作用也有极限。而且，由于罪错少年实施的危害行为可能具有极大的反社会性，如果对其施以保护处分，就会对一般人的社会正义信念造成冲击，对于被害人，也会造成其心理失衡。这种观念，虽然没有脱离报应刑的思想，但对于一些实施极为严重的社会危害行为的少年，给予刑事处罚，以发挥强度较大的刑罚的教育作用，也有必要。因此，对于实施触犯刑法的少年并没有完全排除适用刑罚的可能性。但对于罪错少年究竟应当适用保护处分还是刑罚的问题上，少年法官首先应当考虑适用保护处分，仅仅在认为保护处分难以收到预防少年再犯的效果时，才例外地考虑适用刑事处分，这被称为“保护处分优先主义”。在对少年犯罪进行处理的问题上，刑事处分是作为保护处分的例外而存在的，是保护处分无法达到预期效果时的补充措施。不仅如此，刑事处分对犯罪少年的适用，各国均有特别严格的限制。例如根据《日本少年法》的规定，家庭裁判所对 14 岁以上之少年，以调查之结果，就相当于死刑、惩役或监禁之事件，参照其罪质及情状，认定刑事处分适当时，应以裁定，移送于有管辖权地方裁判所之同级检察厅检察官。而在对“刑事处分适当”的认定上，则以保护主义优先说为通说，即在保护处分无法达到预期效果时，才能施以刑事处分。[①]

3. 要保护性原则

保护处分的适用，必须遵循“保护处分法定原则”和“保护处分优先原则”。只有在对保护处分的对象、条件、种类、裁决、执行、变更、解除等实体性内容和程序性内容有明确的法律规定并且严格按照这些规定时，才能对罪错少年适用保护处分。而且，如果对罪错少年适用保护处分就能达到保护、教育的目的时，就不应当对其施以刑事处分。

根据保护处分法定原则，只有在少年具有违法犯罪的行为的时候，才能按照法律规定施以适当的保护处分。一般而言，处于青春期的少年，其心理、生理尚未成熟，因此大都具有实施违法犯罪行为的危险，但是如果对所有的罪错少年都施以保护处分，则极易造成对少年权利的侵害，因此，只有对具有违法犯罪行为的少年，才能施以保护处分（但并不排除适用刑事处分）。但是，少年具有违法犯罪的行为却并不必然导致保护处分。虽然查明少年的违法犯罪事实，对于少年适用保护处分而言是必不可少

---

① ［美］理查德·扎克斯著：《西方文明的另类历史》，李斯译，海南出版社2002年版，第3—13页；转引自姚建龙著：《长大成人：少年司法制度建构》，中国人民公安大学出版社2003年版，第141页。

的，但少年具有这样的违法犯罪事实，却并不一定要对少年施以保护处分。要对少年施以保护处分，司法机关还需查明少年是否具备要保护性。少年的要保护性，是适用保护处分的重要前提。所谓要保护性，是指是否要对少年施以保护处分，关键在于违法犯罪的少年是否需要国家的介入对之施以保护，即少年是否真正需要保护。如果经过法官的司法判断，认为违法犯罪的少年不具备要保护性，即使其具有违法犯罪的行为，也可以不对其施以保护处分，而期待其自行改过，或通过其他非法律途径加以解决。只有具有要保护性的少年，才能施以保护处分。

三、保护处分的适用程序

保护处分的适用应当遵循一定的程序，这种程序一般称为“保护程序”。保护程序和刑事诉讼程序相比，较为松散和宽松，大都以少年的生理和心理特征为依据，体现出尊重少年的本体性、保护少年的价值取向。关于保护程序，笔者将在第五章予以说明。

第五节　我国保护处分体系的构建

我国现有的法律制度中，既没有少年罪错的概念，也没有保护处分的概念，更没有保护处分的体系。在反思现有应对少年违法与犯罪措施不足的基础上，借鉴其他国家和地区的成功经验，构建我国的保护处分体系，十分有必要。

一、我国现有法律对少年违法犯罪行为的处理

由于我国没有少年罪错的概念，在现有法律体系下，这里只能根据现有法律规定对当前我国处理少年违法犯罪行为的措施做出说明。

1. 对具有严重不良行为的少年的处理

根据《预防未成年人犯罪法》的相关规定，大致有以下几种情况。

（1）严加管教，或者送工读学校进行矫治和接受教育（第35条、第38条前段）。

我国的工读教育措施产生于20世纪50年代中期，在“文化大革命”期间一度中断，1987年后开始重建，现在各大中城市已经有比较成熟的发展。1987年6月，国务院转发了《关于办好工读学校的几点意见》，该文件规定，对于年龄为12～17周岁，具有违法或轻微犯罪行为，不适宜留在原校学习，但又不够劳动教养、少年收容教养或刑事处罚条件的中学生（包括那些被学校开除或自动退学、流浪在社会上的17周岁以下的青少年），可以采取送工读学校教育的措施。工读学校对就读的少年进行严格管理和教育，在课程设置上与普通学校相同，并开展法制教育，针对少年的心理特点，开展矫治工作。目前，工读教育依然是一种普遍采用的应对少年违法犯罪的处理措施。

（2）治安处罚，或者训诫（第37条）。

如果未成年人实施的严重不良行为，构成违反治安管

理行为的，由公安机关予以治安处罚。因不满 14 周岁或者情节特别轻微免予处罚的，可以予以训诫。

（3）收容教养（第 38 条后段）。

未成年人因不满 16 周岁不予刑事处罚的，在必要的时候，也可以由政府依法收容教养。《刑法》第 17 条第 4 款对此有基本相同的规定。

除了上述《预防未成年人犯罪法》规定的几种处理方式之外，一些适用于成年人的相当严格的处理措施也可以适用于未成年人，这主要包括以下三种。

（1）收容教育。

收容教育是对卖淫、嫖娼人员集中进行法律教育和道德教育，组织生产劳动以及进行性病检查、治疗的行政强制措施。根据国务院 1993 年 9 月发布的《卖淫嫖娼人员收容教育办法》等法律法规的规定，对年满 14 周岁，有卖淫嫖娼行为，可以适用收容教育。收容教育的期限为 6 个月至 2 年，在专设的收容教育所进行。对于少年的收容教育，应当和成年被收容教育人员分别收容和管教。

（2）强制戒毒。

根据 1990 年全国人大常委会通过的《关于禁毒的决定》，2000 年公安部部长办公会议通过的《强制戒毒所管理办法》等法律法规的规定，对于有吸毒成瘾行为的少年应当采取强制戒毒措施，期限为 3 ~ 6 个月，特殊情况可以延期，但实际执行的强制戒毒期限连续计算不得超过 1 年。强制戒毒在公安机关设立的强制戒毒所执行。对少年采取强制戒毒措施，应当与成年戒毒人员分别收容和矫治。

（3）社会帮教。

社会帮教起源于我国20世纪70年代末80年代初全党对青少年违法犯罪问题的重视，在这一时期，党中央发布了一系列政策文件，号召社会对不良青少年要热情进行帮助、教育、感化。根据我国相关法律规定，社会帮教是指对具有违法或轻微犯罪行为尚不够处罚；或具有社会危险性，有犯罪倾向；或违法犯罪被处监禁释放后的未成年人，社会各界在各级党委政府的号召下，以预防违法犯罪为目的对未成年人进行的一种自愿帮助教育。它是我国关爱幼弱、互帮互助的优良传统的延续和体现。

2. 对触犯刑法的未达刑事责任年龄少年的处理

（1）收容教养。

根据我国《刑法》第17条第4款的规定，对不满16周岁不予刑事处罚的少年，在必要的时候，可以由政府收容教养。收容教养由公安机关审批，但对其执行场所，各地做法并不一致，有在工读学校执行的，也有在未成年犯管教所执行的。期限一般为1~3年。我国《预防未成年人犯罪法》有相似的规定。

（2）责令父母或者监护人严加管教。

根据我国《刑法》第17条第4款的规定，对不满16周岁不予刑事处罚的少年，责令他的父母或者监护人严加管教。除此之外，根据《治安管理处罚法》第12条的规定，对已满14周岁不满18周岁的人违反治安管理的，从轻或者减轻处罚；不满 14 周岁的人违反治安管理的，不予处罚，但是应当责令其监护人严加管教。《预防未成年人犯罪法》第 49 条规定，如果未成年人的父母或者其他监护人不履行监护职责，放任少年严重不良行为的，可以由公安机关责令其对少年严加管教。

二、我国现有应对少年违法犯罪行为措施的不足与缺陷

上述处理少年违法犯罪行为的措施不能理解为保护处分，我国并没有严格意义上的保护处分，正式的规范性法律文件中也没有明确提出和使用保护处分的概念。但是，一些学者在论及保安处分时，往往将保护处分作为保安处分的一种特殊情况来对待。而对于保安处分，有学者认为其在我国的法律体系中早已存在，“我国刑事立法和行政法上业已存在数量不少的取代保安处分的部分功能并且在性质上与国外保安处分相接近的各种犯罪预防措施”①。“在我国现行法律体系之中，没有保安处分之名，却有保安处分之实”②。因此，在这些学者看来，作为保安处分之一种特殊情况的保护处分在我国也早已存在，例如，有学者认为，早在新民主主义革命时期我国即有特殊性质的保安处分（保护处分）出现，如 1934 年 4 月颁布的《中华苏维埃共和国惩治反革命条例》中，规定了 14 岁以下

---

① 陈兴良主编：《刑事法评论（第 1 卷）》，中国政法大学出版社 1999 年版，第 431 页。

② 赵秉志，赫兴旺等：“中国刑法修改若干问题研究”，《法学研究》1996 年第 18 卷第 5 期。

的未成年人犯罪交由教育机构实施感化教育。[①] 中华人民共和国成立后，为了预防和矫治未成年人犯罪，《刑法》《预防未成年人犯罪法》及其他相关法律文件中规定了一些带有保护处分色彩的措施。

笔者认为，上述这些措施虽然在预防和控制青少年犯罪的过程中起到了一定的积极作用，但认为它们属于特殊性质的保安处分（保护处分）则值得商榷。

首先，我国一些法律法规中确实存在着类似于国外保安处分的措施和方法，但认为这些措施和方法就是国外所说的保安处分却不妥当。在保安处分制度中，保安处分法定主义是一项基本原则，保安处分的适用只有在法律明确规定的情况下才能进行，而且只能由司法机关按照一定的实体性和程序性规则才能对行为人适用保安处分，即使是最轻微的保安处分，也必须经过诉讼程序才能适用，这样做的目的在于防止保安处分的滥用而对公民权利造成侵害。而我国上述的强制措施，从其适用的机构上来看，大多是由行政机关按照行政法的规定适用，并没有经过严格意义上的司法审查，例如收容教养是由政府决定，工读教育由教育行政部门审批。在这个意义上，上述强制措施从其性质上来看是一种行政强制措施，与只能由司法机关适用的保安处分相去甚远。

其次，如前所述，从保安处分和保护处分二元论的立

---

① 叶孝信著：《中国法制史》，北京大学出版社1989年版，第431页。

场出发，认为保护处分属于保安处分的一种特殊情况也并不妥当。因为保护处分和保安处分无论是其制度背景还是存在的基础都存在着诸多差异，保护处分的目的在于保证罪错少年的健康成长，而保安处分的目的则在于防止具有一定人身危险性的人对社会的侵害。前述我国现有的对少年违法犯罪的处理措施很难说具有保护罪错少年的特征，更多的是出于防卫社会的需要，而且，即使是保护处分的适用同样需要经过严格的司法审查，只有少年司法机关按照特定的程序在确定少年违法犯罪的事实和确实需要对少年进行特殊保护的基础上才能适用。在这个意义上，我国现有的一些强制措施，并不属于保护处分。

但是，近些年来，我国一些地方法院在少年司法领域展开了积极、有益的探索，在借鉴一些国家或地区先进经验的基础上，引进了一些和保护处分具有相似性质的对少年犯罪人的处遇方式，其中具有代表性的是某些地方法院对罪错少年所适用的监管令和社会服务令。从它们的内容来看，这些对少年的处遇方式和一些国家或地区对少年适用的保护处分十分相似，例如上述监管令和我国台湾地区的保护管束，这表明我国少年司法实践已经对刑罚适用于罪错少年所产生消极结果有所认识而代之以保护处分。但是法院的这些做法，从一开始就受到了质疑，因为我国刑法并没有对罪错少年适用此类处分的任何规定，因此，有不少人认为这种做法是违反现行法律规定的。笔者认为，在保护处分应当由法律明确规定这一点上，监管令和社会服务令的合法性是值得怀疑的。因此，笔者认为，不能认为上述措施属于保护处分。

最后，上述我国《刑法》和《预防未成年人犯罪法》规定的一些措施从外形上看和一些国家或地区的保护处分有些相似，而且对少年适用这些强制措施往往被认为是出于教育、感化、挽救少年的目的，体现的是国家对罪错少年的关怀，因而和对成年人适用的强制措施相比，它们是否合理往往更加容易被人们所忽视。由于缺乏实体性和程序性保障，这些措施有着侵害少年权利，反而不利于少年健康成长的可能性，应当予以警惕。在此，笔者以对少年适用收容教养为例对此做一分析。

收容教养是我国所特有的对罪错少年进行收容、集中教育管理的一项制度。就目前对罪错少年适用收容教养的法律依据上看，主要有两个。第一个是我国《刑法》第17条第4款的规定，因不满16周岁不予刑事处罚的，责令他的家长或者监护人加以管教；在必要的时候，也可以由政府收容教养。第二个是《预防未成年人犯罪法》第38条的规定，未成年人因不满16周岁不予刑事处罚的，责令他的父母或者其他监护人严加管教；在必要的时候，也可以由政府收容教养。由于上述两部法律中都有关于收容教养的规定，就导致了收容教养的法律性质不太明确。一方面，它存在于刑法之中，而且收容教养的期限很长，似乎应当属于刑罚的一种，但我国刑罚的种类中并没有收容教养。同时，我国《刑法》第17条又规定，有权做出收容教养决定的机关是“政府”，收容教养似乎应归属于行政处罚。那么，收容教养制度到底是一种什么性质的处罚措施呢？笔者认为，从刑法的有关规定看，收容教养不是刑罚，因为只有在对不满16周岁的未成年人“不予刑事处罚”的情况下，才能适用收容教养，这实际上已经突出表明其不属刑罚，而《刑法》和《预防未成年人犯罪法》都将收容教养的权力归属于“政府”，则表明收容教养的权力属于行政权。因此，收容教养应当是一种行政处罚。

从收容教养的适用对象上看，1991年《未成年人保护法》第39条规定，已满14周岁的未成年人犯罪，因不满16周岁不予刑事处罚的，责令其家长或者其他监护人加以管教，必要时也可以由政府收容教养。[①]由此规定，收容教养的对象应当是已满14周岁、不满16周岁的罪错少年。但这一规定似乎和当时有效的1979年《刑法》第14条第4款的规定有所冲突，因为1979年《刑法》第14条第4款只规定，因不满16岁不处罚的，在必要的时候，也可以由政府收容教养，并没有限定是14岁以上16岁以下的未成年人。这就导致了混乱。1993年，公安部为此问题发布了《关于对不满十四岁的少年犯罪人员收容教养问题的通知》，该通知指出，1991年

---

① 我国1991年《未成年人保护法》虽已失效，但仍有一定的参考价值，本书在此使用此法条来分析问题。

《未成年人保护法》第 39 条的规定不是修改《刑法》。该通知明确规定，对未满 14 岁的人犯有杀人、重伤、抢劫、放火、惯窃罪或者其他严重破坏社会秩序罪的，应当依照 1979 年《刑法》第 14 条的规定办理，即在必要的时候，可以收容教养。从现在的实际情况看，对已满 14 周岁不满 16 周岁不予刑事处罚的未成年人，固然可以在必要的时候予以收容教养，对不满 14 周岁不予刑事处罚，但犯有杀人、重伤、抢劫、放火、惯窃罪或者其他严重破坏社会秩序罪的，在"必要的时候"也可以收容教养。应当说，这一范围是相当宽泛的。

从收容教养的审批程序上看，刑法、预防未成年人犯罪法的规定都很简单，只规定了"可以由政府收容教养"，但由政府的哪个具体部门做出收容教养的决定，则不太明确。1982 年，公安部颁发了《关于少年犯管教所收押、收容范围的通知》，该通知明确规定，对确有必要由政府收容教养的犯罪少年，应当由地区行政公署公安处或省辖市公安局审批，遇有犯罪少年不满 14 岁等特殊情况，须报请省、市、自治区公安厅、局审批。自此，收容教养的审批权被归属于公安机关，且由公安机关独家掌管。

从适用收容教养的条件上看，上述两部法律依然是仅规定"在必要的时候，也可以由政府收容教养"。但对于什么时候才算是"必要的时候"，则不太明确，由审批的公安机关在实践中自由裁量。

从收容教养的期限上看，1982 年 3 月 23 日公安部下发的《关于少年犯管教所收押、收容范围的通知》中规定，收容教养的期限一般为 1 年至 3 年。1997 年，公安部在《关于对少年收容教养人员提前解除或减少收容教养期限的批准权限问题的批复》中还规定，在收容教养执行过程中不能对少年收容教养人员加期。但如果收容教养人员在收容教养期间有新的犯罪行为，符合收容教养条件的，由公安机关对新的犯罪行为作出收容教养的决定，并与原收容教养的剩余期限合并执行，但实际执行期限不得超过 4 年。

从收容教养的执行方式上看，收容教养是在剥夺少年人身自由的情况下，集中对其进行教育管理。我国《预防未成年人犯罪法》第 39 条第 1 款规定："未成年人在收容教养期间，执行机关应当保证其继续接受文化知识、法律知识或者职业技术教育；对没有完成义务教育的未成年人，执行机关应当保证其继续接受义务教育。"《教育法》第 21 条规定："对未完成义务教育的未成年犯和被采取强制性教育措施的未成年人应当进行义务教育，所需经费由人民政府予以保障。"但这种教育能否落到实处值得怀疑。

从收容教养的执行场所上看，执行场所相当混乱。有的在工读学校执行，有的在收容所执行，也有的在少年犯管教所执行，还有的在劳动教养[①]场所执行。总之，各地的做法大不相同。

不难发现，收容教养是一种相当严厉的行政处罚措施，从某种角度上说，它比管制、拘役甚至短期自由刑还要严厉。但是，除了刑法、预防未成年人犯罪法对收容教养做了原则性的规定外，收容教养的适用几乎全部由公安机关决定，而且是通过公安部以“通知”的方式对此做出规定。这种法律制度违背了一个法治国家的基本要求，至少存在着以下缺陷。

第一，这种制度不利于实体公正的实现。在现代法治国家，必须经过法律规定的程序才能剥夺或限制公民人身的自由是一项基本的原则。这在我国宪法和有关法律中也有体现。我国《宪法》第37条规定：“中华人民共和国公民的人身自由不受侵犯……禁止非法拘禁和以其他方法非法剥夺或者限制公民的人身自由，禁止非法搜查公民的身体。”公民、组织的基本权利和其他法定权利是宪法和法律赋予的，要对其予以限制，也必须通过与之相对应的宪法和法律，而不能由低于宪法和法律的规范性文件来作出限制。《中华人民共和国立法法》第8条规定：“下列事项只能制定法律：……（五）对公民政治权利的剥夺、限制人身自由的强制措施和处罚。”第9条规定：“本法第八条

① 在我国，劳动教养制度已经废除，由此也导致收容教养处于无处执行的境地。

规定的事项尚未制定法律的，全国人民代表大会及其常务委员会有权作出决定，授权国务院可以根据实际需要，对其中的部分事项先制定行政法规，但是有关犯罪和刑罚、对公民政治权利的剥夺和限制人身自由的强制措施和处罚、司法制度等事项除外。”《中华人民共和国行政处罚法》第9条规定：“限制人身自由的行政处罚，只能由法律设定。”第10条规定：“行政法规可以设立除限制人身自由以外的行政处罚。”而且法定的行政处罚种类也不包括收容教养。可是，无论就收容教养的适用对象、期限还是程序，却都是由公安部以“通知”的方式做出规定，这本身就违反了法律。另外，由于对少年适用收容教养的一个前提是少年不满16周岁不予刑事处分，这实际上意味着对少年不能适用任何刑罚，意味着少年的自由哪怕是一天都不能被剥夺，但是，少年一旦被施以收容教养，却有可能被剥夺人身自由长达4年，这明显是不公正的，“损害了最起码的分配正义、形式正义理念”①。

第二，这种制度可能会导致行政权力的不当使用。收容教养的决定完全由公安机关单方面做出，在这里，公安机关既是事实上的当事人，又是实际的裁判者，由于丧失了中立性，就很难保证收容教养决定的公正性。丹宁勋爵说过“自己不能成为自己的法官”，而决定对犯罪的少年

① 陈瑞华著：《问题与主义之间——刑事诉讼基本问题研究》，中国人民大学出版社2003年版，第496页。

适用收容教养的过程中，公安机关恰恰就是自己的“法官”，所有的一切都由公安机关决定，而作为当事人的少年及其家长、监护人却没有任何发表自己意见的机会，他们只能完全被动地接受公安机关收容教养的决定。而且由于《刑法》第 17 条对“在必要的时候”没有做出明确的界定，赋予了公安机关过大的自由裁量权，造成在决定是否对罪错少年收容教养的时候，只要公安机关办案人员认为对某个少年需要收容教养，马上就可付诸实现的情况。行政权力的行使在公安机关做出收容教养决定的过程中没有受到限制，其结果如何可想而知。

事实上，问题不仅仅局限于收容教养的适用，在对少年适用收容教育、强制戒毒等强制措施的过程，问题同样存在。有人认为，这些强制措施和其他国家和地区的保护处分相似，这实际是一种误解。其他国家和地区的保护处分的适用遵循着严格的处分法定原则，只有在少年法规定的范围内，才能对少年适用一定的保护处分，并且适用保护处分的裁定都要按照少年法所规定的程序由独立的少年法院作出，以避免保护处分的滥用，防止对少年权利的侵害。这与我国的收容教养由单方面的行政机关决定相比，存在的差异是明显的。尽管在我国对少年适用收容教养等行政强制措施的出发点是为了教育、感化、挽救他们，但是这种强制措施自始至终由行政机关单方面决定的制度设计存在着先天性的缺陷，从而无法避免行政权力的过分扩张，这必然会对少年的正当权利造成侵害。因此，对这些制度进行改造十分必要。

三、我国保护处分体系的构建建议

保护处分是出于保护少年的目的而专门为违法犯罪少年所设立的一种教育保护措施，这一制度对于预防和矫正少年违法犯罪具有重要的现实意义。在构建我国保护处分的体系时，既要借鉴其他国家和地区的先进做法，也要从我国的现实情况出发，结合我国在预防少年违法犯罪中的成功经验，将现有的类似保护处分的、有实际效果的措施纳入保护处分的体系之中。

笔者认为，在构建我国的保护处分体系时，结合其他国家和地区的做法和我国的具体情况，可考虑以下几种具体的保护处分，建立起轻重衔接、有机配合的保护处分体系，由少年司法机关根据违法犯罪少年的行为情况及少年的要保护性的强弱具体选择。

（1）警告。

警告是最轻的保护处分，适用于行为性质比较轻微的罪错行为少年，由少年法官当庭做出。少年法官应向违法犯罪的少年严肃说明其违法犯罪的事实、造成的损害及再犯后果，令其检讨违法犯罪行为，使其有所警惕，促使其悔过自新，重新步入正轨生活。

（2）家庭管教。

对于初犯、偶犯或在校学习的违法犯罪少年，如果其家长或其他监护人有实际的监护管教能力，可责令其父母或其他监护人严加管教。家庭强化管教的前提是违法犯罪少年的父母或其他监护人有实际的监护能力，能够使少年品行向善，健康成长。但如果罪错少年的家庭没有管教能力，则不宜适用这种处分措施。

（3）保护管束。

保护管束是在一定期间内，由少年法院将罪错少年交付适当机关，告知其应当遵守的事项，例如不与有不良品行的人交往、禁止进入一些特定场所、服从相关人员或其他执行人的命令等，通过受处分人定期汇报或其他途径了解受处分人是否遵守相关事项，督促其改正劣习，从而达到对受处分人保护和教育的处分措施。

（4）委托监护。

委托监护适用于家庭管教不力或家庭经济困难导致违法犯罪的少年，是少年司法机关将受处分人委托给有监护能力的监护人在一定期间内对少年进行监护的处遇措施。在家庭管教不能有效实现而导致少年违法犯罪的情况下，委托监护对少年的有效保护、教育以及矫正其恶习具有重要意义。

（5）戒毒治疗。

对于吸食毒品的少年，应当自愿接受戒毒治疗。对于吸毒成瘾的未成年人，由少年司法机关强制戒毒。对于强制戒毒的少年，应当由戒毒机关制定相应戒毒方案和计划，同时开展心理辅导，培养其积极的生活态度，改善其情感和情绪状态。

（6）感化教育。

感化教育是较严厉的保护处分。它是在有多次触犯刑法行为、行为情节严重以及经评估认为在委托监护无法实现或无法达到预期目的的情况下，在一定期间内将违法犯罪少年收容于专门设立的机构，由国家行使监护权，对违法犯罪少年行使抚养权，使其健康成长的处遇措施。在目前情况下，可将预防未成年人犯罪法中所规定的工读予以适当改造，作为感化教育的专门机构。从工读教育的历史发展来看，其在预防少年违法犯罪中发挥了重要作用，在少年违法犯罪的社会问题、社会矛盾依然存在的形势下有必要予以保留，但是需要经过改造。当前，工读教育存在的主要问题是在履行教育职能方面存在不足，在社会和家长心中有差校的印象，家长和学生不愿主动前往就学；另外，进入工读学校需要家长、学生、学校三方同意，且需经过教育行政主管部门批准，无法强制将违法犯罪的少年送入工读学校。如果将工读教育予以适当改造，将其作为保护处分的一个重要种类，由司法机关根据相应的实体和程序规定予以适用，就可以较好地解决当前工读教育存在的问题。

（7）收容教养。

收容教养主要适用于社会危险性大、行为比较恶劣、后果比较严重且由于失养、失教以及孤独无依等家庭经济困难等原因而无监护能力从而实施违法犯罪的罪错少年，是最严厉的保护处分。在其他保护处分无法达到预期效果时，将少年在一定期间内隔离监禁于一定场所，通过短期“震撼式”的教育，从而达到矫治少年的效果。收容教养在专门设立的机构内执行。

需要指出，保护处分体系的构建不是一个孤立的过程，必须与少年罪错的范围相协调，整体性考虑。同时，还要考虑保护程序的构建，否则，就无法建立独立的少年司法制度。

第五章

保护程序

第一节 保护程序概说

司法制度是司法机关运用司法权进行司法裁判的制度，司法裁判的程序性规范在司法制度中居于核心地位。“司法是司法机关严格按照法定职权和法定程序所进行的专门活动。因此，严格的程序性是司法的最重要的、最显著的特征之一。”[①] 在少年司法制度中，程序性的规定同样重要。可以说，没有程序性的规定，就没有少年司法制度。

少年司法制度以对少年施以保护处分的少年罪错案件为重点，因而各国、各地区少年司法制度都重在对处理少年罪错案件的程序性规则做出规定，这种程序一般称为保护程序。而对少年可能施以刑事处分的案件，在少年审判组织行使舍弃管辖或者先议权之后，其程序性规定则在不违反少年司法制度基本理念的基础上参照刑事诉讼法的规定。考察各国、各地区保护事件的程序性规定，这些规定大都以少年的生理和心理特征为依据，体现出尊重少年的本体性、保护少年的价值取向，而不同于成年人的刑事诉讼程序，这主要体现在以下几个方面。①专设少年法院或

① 刘金国、舒国滢主编：《法理学教科书》，中国政法大学出版社 1999 年版，第 172 页。

少年法庭审理少年案件。②设置少年调查官和少年保护官。在案件受理后，首先由少年调查官根据心理学、社会学、教育学等专业知识就少年有关的行为、品格、经历、身心状况、家庭情形、社会环境、教育程度等进行调查，做出调查报告，以资法官作出正确的裁判；案件审理后，如对少年施以保护处分，则少年调查官和少年保护官参与到保护处分的执行之中，并设有心理测验员、心理辅导员为少年调查官和少年保护官提供专业帮助。③对少年非万不得已，不采取强制措施。④调查与审理不公开。审理不采用传统的庭审模式，而以恳切和蔼的态度为之，并且可以不在法庭内进行，法官对审理有较大的自主权。⑤庭审大多不以少年行为的审查为重心，而侧重于是否需要对少年采取必要的保护措施。⑥检察官一般不参加少年保护事件的审理。⑦处分决定形式多样。

在对少年有可能施以刑事处分的案件中，即使是参照刑事诉讼法的规定，对少年也有特殊规定。例如，日本少年法规定，对不满 18 周岁的少年不能判处死刑，相当于死刑的，判处无期徒刑；应当判处无期徒刑的，判处 10 年以上 15 年以下惩役或禁锢；应当判处 3 年以上惩役或禁锢的，宣告为不定期刑等。[①]

由上述论述可以看出，在少年司法制度中，对于少年

---

① ［日］西原春夫主编：《日本刑事法的重要问题》，金光旭等译，中国法律出版社、日本国成文堂联合出版 2000 年版，第 175 页。

罪错的处理，实际上有着两种不同的程序。一是对少年施以保护处分的程序，即保护程序；二是对少年施以刑事处分的程序，即刑事程序。由于以保护处分优先是少年司法制度的一项基本原则，因此，世界各国、各地区在少年法中都对少年施以保护处分的保护程序做出详细规定，保护程序是少年司法程序性规则中最重要的部分，而对少年施以刑事处分的程序，则在不违背少年司法制度基本理念的基础上，参照成年人刑事诉讼的程序。

第二节　各国、各地区保护程序概览

保护程序是少年审判组织受理少年案件，经过调查、审判而作出终局决定的程序。鉴于保护程序在少年司法制度中的重要地位，对一些国家和地区相关规定的主要内容做一简单介绍很有必要。一般而言，少年保护程序包括受理、调查、起诉、转向、审判、处分决定等阶段。

一、受理

受理是保护程序的开端。在少年司法制度中，少年法院虽然对于少年案件具有审判的权力，但是少年法院并不能主动审理案件，只有在法律规定的情形出现之后，少年法院才能开始保护程序，对少年案件进行审理。不同国家或地区少年法对少年法院受理案件的依据的规定不尽相同。

1. 美国伊利诺斯州

美国伊利诺斯州《少年法院法》第4条规定:“任何一个名声良好的居民,如果知晓存在被遗弃的、无人抚养的或者犯法的少年儿童时,可以向有管辖权的法院的执事用书面方式提出说明事实并附有宣誓证明的诉请。这种宣誓书足以被视为诉状。”第10条规定:“在有本法第3条规定的县里,被逮捕的16岁以下的少年(无论是否有逮捕令),不应交给治安官,而应直接交给少年法庭;如果这个孩子已经交给治安官,治安官应负责把他转送到少年法庭,少年法庭应按照由诉请书提起的案件的同样方式来审理这种案件。”可见,美国伊利诺斯州少年法院受理少年案件主要是基于诉请和警察或治安官的移送两种情形。

2. 日本

《日本少年法》第6条第1款规定,发现应当交付家庭裁判所进行审判的少年,必须通知家庭裁判所。第6条第2款规定,警察或保护人对于已满14周岁不满18周岁的虞犯少年,可以直接将其解送家庭裁判所,也可以通知儿童商谈所,对于18周岁不满20周岁的虞犯少年,则一律移送于家庭裁判所。第7条第1款规定,家庭裁判所调查官发现应当交付家庭裁判所审判的少年时,必须报告审判官。第41条规定,对于实施了触犯刑罚法律的少年,警察机关根据侦查的结果,认为是相当于罚金刑以下刑罚的案件,全部由警察直接移送家庭裁判所;相当于禁锢以上刑罚的案件，一律移送检察官。侦查结束后，认为有触犯刑罚法律行为嫌疑的，一律移送家庭裁判所。而对于触法少年，原则上属于儿童福利法调整的对象。《日本儿童福利法》第25条规定，对于触法少年，应当通知儿童商谈所或者儿童福利事务所。第27条规定，儿童商谈所所长认为受到通告的少年应当移送家庭裁判所进行审判时，应当将该少年移送家庭裁判所。概括而言，日本家庭裁判所受理少年案件主要是基于知情人的通知（《日本少年法》第6条第1款）；调查官的报告（《日本少年法》第7条第1款）；警察机关或检察机关的移送（《日本少年法》第6条第2款、第41条）；儿童商谈所所长的移送（《日本儿童福利法》第27条）。

3. 我国台湾地区

我国台湾地区“少年事件处理法”第17条规定，不论何人知有少年触犯刑罚法律之事件者，得向该管少年法院报告。第18条第1款规定，检察官、司法警察官或法院于执行职务时，发现少年有触犯刑罚法律之行为或虞犯行为时，应移送该管少年法院。第18条第2款规定，对于少年有监督权人、少年之肄业学校或从事少年保护事业之机构，发现少年有虞犯事件，亦得请求少年法院处理之。因此，少年法院受理少年事件主要是基于知情人的报告（“少年事件处理法”第17条）；检察官、司法警察官或法院的移送（“少年事件处理法”第18条第1款）；请求权人的请求（“少年事件处理法”第18条第2款）三种情形。

尽管上述国家和地区对少年法院受理少年案件的依据在法律规定上不尽相同，但其共同之处在于：少年法院的司法权的启动是被动的，少年法院不能主动去审理少年案件，这是司法权的中立性的基本要求。因此，不能误认为只要发生了少年案件，少年法院就要进行调查和审理。但是，少年法院司法权的最初发动又是相对随意的，这和普通刑事司法制度中具有严格的诉讼职能划分、法院的审判活动只有在检察机关提起公诉或自诉人提起自诉之后才能进行相比，有着很大的区别。在少年司法制度中，之所以有这种相对松弛的程序性规定，其原因在于少年司法制度以保护、教育少年为根本目标，如果对少年法院司法权的启动条件规定得过于严格，则有可能延缓对罪错少年采取有效的预防和保护措施，这对及时有效地防止他们再犯是不利的。

二、调查

少年法院在受理少年案件后，首先要开始调查。这是大多数国家或地区少年司法制度中的通行做法。

1. 日本

《日本少年法》第8条规定："家庭裁判所如认为应该将少年交付审判时，必须对案件进行调查。家庭裁判所可以命令家庭裁判所调查官对少年、保护人或者可以提供参考情况的人员进行其他必要的调查。"第9条规定："进行前条规定的调查，应该力求对少年、保护人或有关人员的人格、经历、素质、环境等，运用医学、心理学、教育学、社会学以及其他专门知识，尤其是少年鉴别所的鉴定结果，将其调查清楚。”

2. 德国

《德国少年法院法》第43条第1款规定：“诉讼程序开始后，为有助于判断被告人心理上、精神上和性格上的特点，应尽快调查其生活和家庭状况、成长过程、现在的行为及其他有关事项。应当尽可能将上述调查情况告知监护人、法定代理人、学校及教师，或职业培训中的师傅。如将上述调查情况告知上述人员会对少年造成不利后果，尤其是可能失去培训或工作岗位的，可不予通知。得顾及第38条第3款①的规定。”同条第2款规定：“如必要，尤其是为了确定其发育状况或其他对诉讼具有重要意义的特征，可对被告人进行调查。如有可能，应委托一位有关专家对少年进行调查。”

3. 美国

美国各州少年法院法对调查程序的规定不尽一致，但依照供各州参考的1968年美国统一州法全国委员会（NCCUSL）通过的《美国统一少年法院法》（Uniform

① 《德国少年法院法》第38条第3款规定：“少年法院帮助代表应参加所有涉及少年的诉讼程序。该代表参加诉讼的，应尽早通知之。给少年宣布指示时，少年法院帮助代表应当到场。”

Juvenile Court Law）第6条规定，各法院观护人对案件应遵守下列事项：①做成调查报告，向法院提出建议；②调查关于少年非行（Juvenile delinquency）、不良行为（Status offence）或被剥夺权益少年之控诉等情节。该法还规定，这种调查的目的在于明确少年法院有无管辖权、少年有无触法行为、少年是否接受过福利机构的协助、少年有无任何警察部门的记录以及少年的身心状况和家庭背景等情况。

4. 我国台湾地区

我国台湾地区“少年事件处理法”第19条规定，少年法院在受理案件后，应先由少年调查官调查该少年与事件有关之行为、其人之品格、经历、身心状况、家庭情形、社会环境、教育程度以及其他必要之事项，提出报告，并附具建议。

从以上各国和地区关于调查的规定可以看出，保护程序中的调查具有如下特征：①调查起始于开庭审理之前；②调查的内容不局限于少年非行的事实，但凡与少年有关的各种情形都在调查的范围之内；③为了得到更精确的结论，调查主要由专门设立的少年调查官或专业人员主持进行；④调查结论是少年法官作出裁决结论的重要依据。

保护程序中的调查是少年司法制度程序性规则的重要内容，它是少年司法制度的基本理念对少年司法程序性规则的基本要求，也是少年审判对象的要求。少年司法制度强调对少年的教育和保护，侧重于对少年人格的矫正和生活环境的改善，这就不仅要求要查清少年非行的事实，更为重要的是，少年法官要对少年的品格、经历、家庭状况、生活、学习环境等背景资料有充分的把握，对少年非行的原因有深刻的认识，只有这样，少年法官才能采取有效的处遇措施对少年进行保护和教育。另一方面，少年法院审理少年案件的一个重要对象是少年的要保护性。少年是否具备要保护性，法官的判断是建立在调查结论之上的，仅仅依靠庭审过程中所获取的信息，法官是无法做出正确的判断的。

三、转向

转向（Diversion）是“安排犯罪青少年离开少年司法审判系统”①。美国学者 Dean Kojet 将其定义为“使犯罪青少年脱离传统的少年司法系统的过程，它暗示离开司法，并交给社区做处置”②。早在 1904 年，美国丹佛地区就有观护人在少年法庭正式审理前对案件进行审查，淘汰一部分没有必要正式进入司法程序的少年案件的做法，这种具有转向意味的措施，随后演化为“非正式保护管束制度”（Informal probation）。1926 年，美国观护人协会（National Probation Association）使这种制度法制化，在《美国标准

---

① 郭静晃：“少年福利机构因应少年事件处理法转向制度之资源检讨及处遇策略运用”，台湾福利社会月刊，第 70 期，转引自施奕晖：“台湾少年事件处理法转向制度的探讨”，中正大学犯罪防治研究所硕士论文，第 6 页。

② 施奕晖：“台湾少年事件处理法转向制度的探讨”，中正大学犯罪防治研究所硕士论文，第 6 页。

少年法院法》（Standard Juvenile Court Law）中规定法院受理案件后应先初步询问，以决定是否进行正式审理。其后，这一制度被美国各州少年法院相继采纳。一般认为，转向制度具有以下优点：一是同将少年犯罪人交付执行机构执行机构性的处遇相比，转向制度相对宽松，并且可以避免司法程序造成的标签效应；二是可以降低司法机关因处理案件而造成的巨大投入，从而节省司法资源；三是通过转向处理，将一部分案件排除在司法程序之外予以解决，会减轻司法机关的工作负担。由于具有上述优点，转向制度被许多国家和地区的少年司法制度所吸收。转向制度的内容相当庞杂，依照实施阶段的不同，转向制度具有三种模式：以警察为基础的转向制度、以社区为基础的转向制度和以法院为基础的转向制度。在上述三种模式中，以法院为基础的转向制度最为重要，笔者对此做一简单叙述。

1. 美国

在美国各州，少年法院受理案件后，大多要由观护人进行初步审查，以决定是否提出正式开始审理的申请（Petition），这种程序一般被称为收案程序（Intake process）。收案后，即开始进行调查，对少年非行及少年的个人情况进行调查，必要的时候，可以和少年会谈以获得相关情况，然后根据调查结果，做出如下处理。①撤销案件（Case dismissal）。收案人员在对整个案件进行考察后，如果发现少年法院没有管辖权、证据不足以证明非行事实、少年已经表示出悔改的意思、少年的父母已严重关切少年行为并保证让少年接受协助等情况时，则将案件撤销，由父母带回少年。②非正式调适处分（Informal adjustment）。这种情况通常适用于身份行为或轻微的触犯刑罚法律的行为。收案人员可以对少年加以训诫后交由其父母带回（Lecture and release）、要求少年赔偿被害人的损失或让少年接受地区转向计划。③非正式保护处分（Informal probation），即将少年释放回其所在社区，但必须接受少年法院所设特定条件，例如有规律地去上学、在规定的时间打电话给观护部门、按时到观护部门报道等，并受约束一定期间。④同意宣告（Consent decree）。同意宣告是一种介入正式的保护处分与非正式处置之间的方式，它是指根据少年的具体情况，通过和少年或其父母、其他监护人、少年的律师协商而签订协议，在一定的期间内，如果少年遵守由少年法院所规定的条件，则不再对少年施以保护处分，如果少年违法少年法院所规定的条件，则对少年宣告一定的保护处分。⑤提出正式审理的申请（Filing of a petition）。如果收案人员无法就上述处置做出决定，则向少年法院提出正式审理的申请，审判程序由此开始。

美国一些州的少年法还对庭审过程中的转向处理做出规定。例如《纽约家事法》第749条规定，少年法院在尚未终结言辞辩论、认定事实之前，可以将少年交付观察，在6个月内，少年应保持善良品行，遵守家事法院所设各项规定，在此期间，由家事法院对少年的行为、交友等情况进行考察。经考察后，如果少年能改过迁善，没有再犯的危险，则由法院裁定不付审理，如果少年不遵守相关规定，则继续审理程序。这就是所谓的缓处分之裁定（Asuspended judgment）。

2. 日本

日本少年法所规定的转向处理包括以下几种情况。①考验观察。根据《日本少年法》第17条第1款的规定，考验观察是家庭裁判所为了审判而认为有必要时，可以将给予保护处分的可能相对较大但没有必要立即作出这种处分的非行少年交付家庭裁判所调查官或者解送少年鉴别所，在一定期间内由调查官或少年鉴别所对少年的生活态度进行考察，同时对少年采取指导、劝导等措施，然后根据具体情形再作出终局性决定的处理措施。日本的考验观察和美国一些州的缓处分之裁定相似。②决定不开始审判。根据《日本少年法》第19条第1款的规定，决定不开始审判是家庭裁判所认为非行少年没有保护的必要或者保护的必要性十分微弱，没有必要对其采取任何措施，从而不开始审理就终结案件。③移送儿童福利机关。根据《日本少年法》第18条第1款的规定，家庭裁判所根据调查的结果，认为对非行少年依儿童福利法的规定采取措施更为适宜时，必须作出决定将案件移给有管辖权限的知事[①]或儿童商谈所所长。④不处分决定。其要件和决定不

① “知事”为日本一个机构或职务的名称。

开始审判基本相同。这种情况多数是由于采用考验观察从而使保护处分的必要性消失。

3. 德国

根据《德国少年法院法》第47条1款第2项、第3项的规定，如对少年已经施以一定的教育处分且已开始执行，法官认为再次判决已无必要，则可终止诉讼程序。第73条第1款规定："为准备对被告人身心发育状况进行鉴定，法官在听取鉴定人和辩护律师的意见后，可命令将其安置于对少年进行检查的机构，并进行观察"，据此规定，德国的转向处理主要为终止诉讼程序和交付观察。

4. 我国台湾地区

我国台湾地区"少年事件处理法"由于没有明确出现"转向"这一概念，因此究竟少年事件处理法的哪些规定属于转向处理，该地区的少年法学者的意见也不一致，[①] 大致有以下几种。①不付审理。不付审理又分为两种具体的情形。一是少年法院依调查之结果，认为无付保护处分之原因，应为不付审理之裁定（"少年事件处理法"第28条）。"无付保护处分的原因"一般是指少年没有要保护性或要保护性相当微弱。二是少年法院依少年调查官调查之结果，认为情节轻微，以不付审理为适当，得为不付审理之裁定，并转介儿童福利或教养机构为适当之辅导，或

① 施奕晖："台湾少年事件处理法转向制度的探讨"，中正大学犯罪防治研究所硕士论文，第95页。

者交付儿童或少年之法定代理人或现在保护少年之人严加管教（“少年事件处理法”第29条）。究竟情节至于何种程度才属于“情节轻微”则由少年法官予以自由裁量，法律并没有做出明确规定。②不付保护处分（“少年事件处理法”第41条）。不付保护处分的要件和不付审理基本相同。③交付观察。“少年法院为决定宜否为保护处分或应为何种保护处分，认为必要时，得以裁定将少年交付少年调查官为6月以内期间之观察”，“前项观察，少年法院得征询少年调查官之意见，将少年交付适当之机关、学校、团体或个人为之，并受少年调查官之指导”（“少年事件处理法”第44条）。如果少年在规定期间内表现良好，遵守少年法院指定的各种事项，则在期满后发生不付保护处分的效果；如果少年违反规定，则宣告一定的保护处分。我国台湾学者林纪东认为这种规定“颇足表现少年法审慎与仁恕之精神，俾不致流于武断苛刻，自为可赞美之规定”[①]。不难看出，交付观察和《日本少年法》中的考验观察几乎相同，是模仿《日本少年法》的做法，我国台湾地区也有部分少年法学者直接称之为考验观察。

我国台湾地区一些学者在论及转向处理时，将对少年宣告各种保护处分也认为是转向制度的一种具体情形。[②] 这种观点不太妥当。因为转向的关键在于安排犯罪青少年“离

① 林纪东著：《少年事件处理法论》，台湾黎明书局，第148页。

② 施奕晖：“台湾少年事件处理法转向制度的探讨”，中正大学犯罪防治研究所硕士论文，第95页。

开”少年司法审判系统，因此，转向应为在司法程序开始之前或司法程序虽已开始，但尚未结束这一过程中所采取的各种措施，只有在这一过程中才可能将少年带离司法审判程序。而对少年宣告各种保护处分，由于这种宣告是终局性的，裁决一经宣告，则表明正式的司法审判程序已经结束。司法审判程序既然已经结束，就不存在再将少年带离司法程序的问题。因此，笔者认为，不应将对少年宣告各种保护处分归入转向处理的范畴之内。

四、审判

一些国家和地区少年法对保护程序中的审判程序没有做出过于详细的规定而只有一些原则性的规定，大致有如下几项。①审理一般不公开（《日本少年法》第 22 条第 2 款、《德国少年法院法》第 48 条第 1 款、我国台湾地区“少年事件处理法”第 34 条）。②主持庭前调查的调查官或观护官应当出庭（《日本少年审判规则》第 28 条第 2 款、《德国少年法院法》第 48 条第 2 款、我国台湾地区“少年事件处理法”第 39 条）。③审理方式应当符合少年的特性。例如《日本少年法》仅在第 22 条第 1 款规定：“审判必须以耐心细致为宗旨，在亲切的气氛中进行。”除此之外，日本少年法对庭审方式没有任何规定，实践中多数由少年法官自行决定，根据具体情况灵活运用。

我国台湾地区“少年事件处理法”第 35 条规定：“审理应以和蔼恳切之态度行之。法官参酌事件之性质与少年之身心、环境状态，得不于法庭内进行审理。”从以上规定可以看出，对少年案件的审理方式不必拘泥于严肃威严的传统庭审模式，庭审方式的选择应由法院根据案件及罪错少年的具体情况做出适当调整，只有这样才能达到教育、保护罪错少年的目的。

五、处分决定

少年法院经开庭审理后，根据少年非行的事实以及要保护性的强弱，由少年法官作出终局决定，对少年宣告适当的保护处分或作出其他终局决定。至此，保护程序即告终结。

第三节　我国保护程序的构建

我国没有严格意义上的少年司法制度。在我国现有司法体制下，尽管有着少年审判组织，但是由于没有少年罪错的概念，也没有严格意义上的保护处分，亦没有对少年罪错进行处理的程序性规定，因此，构建我国的少年司法制度，应当做整体性考虑。其中，保护程序的构建至关重要，是建立我国少年司法制度过程中的重大问题。

一、不应将《刑事诉讼法》中的“未成年人刑事案件诉讼程序”和保护程序等同对待

我国《刑事诉讼法》的第五编第一章规定了“未成年人刑事案件诉讼程序”，对未成年人刑事诉讼程序作了专门规定，尽管这一程序针对未成年人的心理、生理特点做出不同于成年人普通程序的规定，但不能认为这一程序就是保护程序。在少年司法制度中，保护程序是少年审判组织审理少年罪错的程序，尤其是在将虞犯少年纳入少年司法之中的情形下，保护程序重在对虞犯少年的审理。虽然少年司法制度在少年犯有重大犯罪的情形下并未放弃刑事处分，但这只是例外，且少年司法奉行保护处分优先主义，即使要对有重大危害行为的少年施以刑事处分，原则上也要先由少年审判组织按照保护程序进行审理，只有在少年审判组织放弃管辖权，将案件移送成年人刑事法院之后，才能按照“未成年人刑事案件诉讼程序”对少年刑事案件进行审理。因此，保护程序和《刑事诉讼法》中的“未成年人刑事案件诉讼程序”并不相同。

二、《预防未成年人犯罪法》中规定的处理少年严重不良行为的相关程序不能等同于保护程序

我国《预防未成年人犯罪法》针对未成年人严重不良行为规定了相应的处理措施，并就这些措施适用的程序做了一些规定。例如该法第35条规定：“对未成年人实施本法规定的严重不良行为的，应当及时予以制止。对有本法规定严重不良行为的未成年人，其父母或者其他监护人和学校应当相互配合，采取措施严加管教，也可以送工读学校进行矫治和接受教育。对未成年人送工读学校进行矫治和接受教育，应当由其父母或者其他监护人，或者原所在学校提出申请，经教育行政部门批准。”由此可以看出，

适用工读教育的程序包括以下三点。①申请。对有严重不良行为的少年需要送入工读学校进行矫治和接受教育，应当由其父母或其他监护人，或者原所在学校提出申请。②审批。对将有严重不良行为送入工读学校的申请，应当由教育行政部门批准。③执行。经教育行政部门批准后，将少年送入工读学校接受教育和矫治，并进行集中管理。

再如，《预防未成年人犯罪法》第 37 条规定："未成年人有本法规定严重不良行为，构成违反治安管理行为的，由公安机关依法予以治安处罚。因不满十四周岁或者情节特别轻微免予处罚的，可以予以训诫。"由此可以看出，对有严重不良行为，同时违反治安管理的未成年人由公安机关予以治安处罚。其程序分为两种。第一，简易程序。对违反治安管理的少年处警告或者 50 元以下罚款，或者罚款数额超过 50 元，被处罚少年没有异议，可由公安人员当场处罚。第二，一般程序。对违反治安管理的少年适用其他治安处罚措施，需要经过以下程序。①传唤。公安机关对少年违反治安管理处罚行为，需要传唤的，可以传唤。对于当场发现的违反治安管理的少年，可以口头传唤。②讯问。公安机关传唤少年后，应当及时讯问查证。讯问应当采取不同于成年人的方式，在讯问前应当对少年的生活与学习环境、成长经历、性格特点、心理状态等内容予以了解，讯问时应当通知少年的父母、监护人或教师到场，讯问过程中要注意对少年的教育和疏导。③取证。公安机关在作出处罚决定前，应当重视证据的收集。

④裁决。经讯问查证，违反治安管理行为事实清楚，证据确凿，依法作出相应裁决。⑤执行。执行由公安机关执行。⑥救济程序。受治安管理处罚的少年如不服裁决，可以向上一级公安机关提出申诉，对上一级公安机关的裁决不服的，可以向人民法院起诉。

上述这些程序性规定，尽管也能够对少年的严重不良行为做出处理，但不可否认的是，这些程序性规定和其他国家或地区少年司法制度中的保护程序并不相同。首先，这些程序并不是少年审判组织针对少年罪错施以保护处分的司法性程序。在这里，做出处理决定的，要么是教育主管行政部门，要么是公安机关，司法机关无法按照这些程序对少年违法行为做出处理。究其原因，这是因为我国根本没有将少年严重不良行为纳入司法裁判的管辖范围，司法机关无法介入少年严重不良行为的处理。其次，无论是适用工读教育的程序，还是治安管理处罚的程序，从性质上来看，这种程序都是一种行政处罚程序，而不是司法程序。既然不是司法程序，就不可能是少年司法制度中的保护程序。当然，这种程序在一定意义上也可以说是一种对少年不良行为做出处理的程序，但它确实不是司法制度的组成部分。换言之，不是所有处理少年不良行为的制度都是少年司法制度，只有由少年审判组织对少年罪错根据司法程序作出裁判的制度才能成为少年司法制度。相比较而言，将少年严重不良行为诉诸行政程序进行处理，由于没有居中裁决的司法机关的介入，就可能无法防止国家权力的不当使用，有侵害少年权利的可能性，而由司法机关对少年罪错及要保护性按照司法程序进行审理并作出裁判，才可以有效防止国家权力的不当使用，保障少年的合法权利。

三、我国保护程序的基本架构

目前，我国对少年罪错基本以刑罚的适用为原则，在适用的程序上以刑事诉讼程序为主。由于没有由司法机关统一适用的保护处分，因此也没有保护程序的规定。借鉴其他国家和地区的相关做法和成功经验，构建我国的保护程序是建设和完善我国少年司法制度的重要组成部分。不过，保护程序的建设以确定少年罪错范围、创设保护处分以及由独立的少年审判组织审理少年案件为前提。由于保护程序是一个复杂的整体性的程序构造，这里仅就我国保护程序的主要内容做一简要设想。

（1）少年审判组织。

对于少年罪错案件，少年审判组织具有管辖权，应当由少年审判组织负责审理。在少年审判组织中，应当有不同于成年人刑事审判组织的独特构成。可以考虑设置不同于法官的调查官，由法官和调查官共同处理少年案件。调查官应当由熟悉少年身心特点，具有心理学、教育学、社会学知识背景的人担任。以便利用他们的专业知识，探究不良少年问题形成的原因，帮助少年法官更好地处理案件。关于少年审判组织的构建，本书第六章第四节给予了详细的论述。

（2）受理程序。

原则上一旦有少年罪错发生，就应当进入少年审判组织的管辖范围。但是，少年审判组织不主动调查发现少年罪错，具有被动性。能够引起少年审判组织受理案件的途径可考虑为：任何个人、组织、机关、团体发现有少年罪错，应当向少年审判组织报告；对少年有监护权的人，发现少年有罪错行为，也可以请求少年审判组织予以处理；对于检察机关、公安机关、法院发现的少年罪错案件，也要移送至少年审判组织。在一般情形下，移送少年审判组织的案件大多来自公安机关或检察机关，且主要是公安机关。

对于公安机关发现的达到刑事责任年龄的少年犯罪案件，应由公安机关进行侦查。对此侦查，原则上应按照刑事诉讼程序进行，但应注意要采取和少年生理、心理特点相适应的调查措施。在侦查终结后，应当将案件移送少年审判组织，侦查机关不能自行对少年罪错案件作出终局性处理，而需要移送至少年审判组织，由少年审判组织作出终局性裁决。这既是司法制度的必然要求，也是考虑到某些特殊情形的需要，如尽管少年的罪行相对轻微，但少年有可能表现出较强的进一步实施犯罪的可能性，只有在少年司法组织进行充分审理的基础上，才能做出准确判断，以便采取适合少年的处分措施。

（3）调查程序。

在保护程序中，并不是少年审判组织受理了案件，就开始审判，而是在开庭审理之前，先启动调查程序，由具备专业知识的调查官对少年、保护人或者可以提供参考情况的人员进行必要的调查。调查的重点在于对少年、保护人或有关人员的人格、经历、素质、环境等，运用医学、心理学、教育学、社会学以及其他专门知识，尤其要将罪错少年心理上、精神上和性格上的特点以及其生活和家庭状况、成长过程、现在的行为及其他有关事项调查清楚，提出报告，并附具建议。

（4）审判程序的启动。

在调查程序结束后，少年法官可根据调查情况，决定是否启动审判程序。在少年存在罪错事实的可能性和要保护性都较高的情形下，少年审判组织可以决定开庭审理，否则就要作出不开庭审理的决定。

（5）审判程序。

在少年法官决定开庭审理后，审判程序就得以启动。在审判程序中，应当遵循以下原则。第一，不公开审理原则。审理少年罪错案件一律不公开进行，这是基于保护少年的目的，防止罪错少年受到公开审判的影响，不利于其重返社会。而且，遵循这一原则也有利于少年审判的顺利进行，使得诉讼参与人员在一些问题上不至于有所顾虑，从而影响到案件审判。在保护程序中，审判结果一般也不公开宣布。第二，在审判程序中，可赋予少年法官较大职权，主动调查证据，查明事实，决定对少年的处分。第三，个别审理原则。由于少年审判不仅是一个审理少年罪错及要保护性是否存在的过程，而且是一个改善、教育少年的过程，因此，应当针对每个少年进行审理。另外，少年审判程序没有必要过于严肃，可以在适合少年身心状态的条件下进行。就审判程序中的证据规则而言，没有必要采取刑事审判中的证据规则，具体的证据规则可以由法官根据案件具体情况自由裁量。

（6）判决。

经过审判程序，如果少年法官认定罪错事实存在且少年具有要保护性，就作出对少年施以某种保护处分的判决。如果少年法官认为罪错事实并不存在或者虽然存在罪错事实，但不存在要保护性，则作出不予处分的判决。如果经过审理，少年法官认为对少年施以保护处分并不充分，而是使用刑事处分更为适当的情况下，则可以作出舍弃管辖的决定，将案件移送成年人刑事法庭进行审理。

第六章

少年审判组织

第一节　少年审判组织概说

对于少年罪错，是否必须由专门设立的司法机构进行审理，世界各国、各地区的情形并不一致。有的是由专门设立的少年法院进行审理，例如英国；有的是由专门的少年法庭负责审理，例如德国；有的是由家事法院负责审理，例如日本；有的则是由普通刑事法院负责审理，例如美国的一些州等。尽管各国、各地区审理少年罪错的司法组织不尽相同，但相同的是，它们大都有一个不同于成年人刑事法院的司法机关负责审理少年罪错案件，这是少年司法制度与成年人刑事司法制度的重大不同之处，之所以如此，究其原因在于少年具有特殊的社会地位。为了突出对罪错少年的特殊保护，就应当建立独立于成年人刑事法院的少年审判组织对少年案件进行裁判。不仅如此，少年审判组织的构成也不同于成年人刑事法院，这主要表现在各国少年审判组织大多设置有少年调查官和少年保护官。少年调查官可以依职权在庭审前或者庭审中利用其专业知识对罪错少年的个人情况展开调查，并做出调查报告。调查报告对法官作出裁判具有重要的参考价值；少年调查官和少年保护官还可以参与到保护处分的执行之中。除此之外，一些国家和地区少年法院还设有心理测验员、心理辅导员等专业人员为少年调查官和少年保护官提供专业帮助。在这个问题上，少年审判组织的确不同于成年人刑事法院，而具有了某些行政机构的特征，但这并不影响少年审判组织独立的司法机关的地位。

独立的少年审判组织，尤其是独立的少年法院“在少年司法制度中扮演着关键角色”①，这是少年司法制度产生的标志之一。美国法理学者庞德（Ross Pound）曾称伊利诺斯州少年法院的诞生为“自1215年英国大宪章以来，英美司法制度最重大之进展”②。少年法院的建立在少年司法制度的发展过程中意义重大。

第二节 少年审判组织的立法例

对于少年罪错，究竟应当由何种机构进行审理，世界各国、各地区的立法并不一致。

（1）日本。

日本的法院组织分为最高裁判所、高等裁判所、地方裁判所、简易裁判所、家庭裁判所等。对于少年罪错案

---

① Larry J. Siegel and Joseph J. Senna：*Juvenile Delinquency*. West Publishing Company，p398.

② 张乃良著：《美国少年法制之研究》，中央文物供应社，第3页，原文为“The Juvenile Court is the most significant advance in Anglo Saxan administration of justice since the Magna Carta 1215”，我国有人将其转述为“少年司法制度是英国大宪章以来，司法史上最伟大的发明”是不正确的，因为虽然少年法院（Juvenile Court）在少年司法制度中具有重要的地位，但“少年法院”与“少年司法制度”毕竟不是同一概念。

件，是与家庭案件合并，由家庭裁判所予以审理。

（2）英国。

英国的法院组织分为民事和刑事两个系统。民事法院方面，设有郡法院、高等法院、上诉法院等；而刑事方面，则分为简易法院、婚姻法院、少年法院、巡回法院、季审法院、高等法院、刑事上诉法院等。对于少年罪错案件，是由少年法院专门负责审理。

（3）德国。

德国的法院系统分为初级法院、参审法院、地方法院、陪审法院、劳动法院、行政法院、高等法院、联邦法院等，并没有专门设立的少年法院对少年犯罪进行处理，但根据《德国少年法院法》第33条的规定，德国的少年法院实际是以下三种情况的统称。①少年法官。初级法院设有少年法官，负责审理比较轻微的少年触犯刑罚法律的案件。②少年参审法院。参审法院设有少年参审员两名，会同少年法官审理少年案件，负责审理不属于少年法官管辖的少年案件。③少年刑事法庭。地方法院设有少年刑事法庭，专门审理比较重大的少年第一审案件，同时受理对初级法院和参审法院的少年案件之控诉。

（4）美国。

美国的法院组织分为两个系统，一是联邦法院，如联邦最高法院、上诉法院、海关法院等，二是各州系统。由于美国各州的法律极不相同，因此各州的法院组织也不尽相同。对于少年案件的审理机构，各州大致分为以下四种情形：①少年罪错案件由专门设立的少年法院负责审理；②少年罪错案件由普通刑事法院审理；③将少年罪错案件与家事案件合并由家庭法院审理；④在普通刑事法院中专设少年法庭审理少年罪错案件。

对于少年罪错案件，究竟应当由普通刑事法院、家事法院还是专门设立的少年法院负责审理最为适当，各国学者的意见也不尽一致，大致有三种主张。第一种主张认为，少年罪错案件应当由普通刑事法院审理。持这种主张的学者认为，少年罪错案件，本来就属于刑事诉讼案件的一部分，虽然其适用的法律不同，但性质相同，因此没有必要专门设立少年法院，这样可以避免人力、物力的无谓浪费。第二种主张认为，少年罪错案件由家事法院审理最为适当。持这种主张的学者从少年罪错的原因出发，认为少年之所以倾向实施罪错，或由于家境贫困，或由于父母不睦，或由于家庭破碎，或由于父母管理不当，其罪错行为大多与家庭有关，因而由家事法院审理最为适当。第三种主张认为，应由专门设立的少年法院审理少年罪错案件。持这种主张的学者认为，少年案件，由于其处理方式较为特殊，适用的法律较为特殊，配置的人员也不相同，为了避免普通刑事法院的严肃气氛，因此，设立专门的少年法院审理少年罪错案件最为恰当。[①]

---

① 刘日安著：《少年事件处理法论》，台湾三民书局，第69—75页。

第三节　少年审判的对象

少年审判的对象，即少年审判组织就何种事项进行审理，和成年人刑事审判的对象有何不同。明确这种差别，对正确认识少年司法制度有一定意义。

在一个国家的法律体系中，刑法是规定犯罪与刑罚的法律，它确立了犯罪的基本构成要件，规定了对各类犯罪所适用的刑罚的种类和幅度等，它以罪刑法定主义和罪刑相适应原则为基础，为国家惩罚、制裁犯罪行为确立了基本的法律依据和具体的法律标准。然而，这些法律标准并不会自动实现，而只有通过法院的审判活动，在查明行为人的犯罪事实和确定行为人刑事责任的基础上，这些法律标准才能真正转化为具体的可操作规则。因此，在普通刑事司法制度中，查明犯罪事实以及确立行为人的刑事责任，就成了刑事审判的重要目标。换言之，在普通刑事司法制度中，审判的对象为行为人的犯罪事实和应负的刑事责任。只有在查明犯罪事实，确立行为人的刑事责任的基础上，才能对犯罪人适用刑法所规定的刑罚，司法权作为一种裁判权才能真正发挥其效能。也只有在这个意义上，司法机关才能根据刑法的预先规定作出具有法律效力的实体性裁判，通过对行为人适用刑罚而达到解决争端的目的。

在普通刑事司法制度中，对犯罪人适用刑罚是法院在查明行为人犯罪事实和应负责任的情况下所作出的裁判结论。而在少年司法制度中，奉行的则是“保护处分优先主义”的原则，在对少年适用保护处分能达到保护、教育少年的目的时，就不应当对少年施以刑事处分。因此，在少年司法制度中，保护处分的适用是一般，而刑事处分的适用只是例外。在保护处分优先主义的原则下，少年法院对罪错少年做出保护处分的事实依据是什么？也就是说，少年法院审判的对象是什么？不同国家或地区学者对这个问题的认识并不像刑事法学者对刑事司法制度中审判对象的认识那么统一，而存在着较大的分歧。概括而言，主要存在着三种不同的观点。第一种观点认为，非行事实[①]是以对他人造成侵害为内容，少年法院只有在查明少年非行事实的基础上，才能对少年施以相当处遇，即非行事实为少年法院的审判对象。因此只要存在非行事实，即需对少年施以相当处遇。这种观点被称为“非行对象说”。第二种观点认为，非行事实的存在，仅仅是少年法院取得管辖权的依据，而是否要对少年施以相当处遇，关键在于非行少年是否需要国家的介入而施以保护，因此，非行事实只不过是审判的条件，而少年是否真正需要保护，即“要保护性”才是少年法院的审判对象。所以，对少年施以处遇的

① 这里主要是日本学者和我国台湾地区的学者对少年审判对象的认识，所以仍然使用了少年非行这一概念。

前提是查明少年的要保护性。这种观点一般被称为“保护对象必要说”。第三种观点认为，非行事实和“要保护性”都是少年审判的对象，少年法院要对少年施以相当处遇，既要查明少年的非行事实，同时又要确认少年的要保护性，只有在这两者同时具备的基础上，才能对少年施以处遇。这种观点一般被称为“重视非行事实说”。在少年司法制度中，重视非行事实说是关于审判对象问题的通说。[①]

重视非行事实说强调，只有少年具有非行事实，同时具备要保护性，才能对少年适用少年法所规定的保护处分，因此，查明非行事实和要保护性是司法裁判的前提。

一、非行事实

非行事实是少年实施了触犯刑罚法律的行为或实施了某种虞犯行为，将非行事实作为审判的对象，是基于保护少年权利的考虑。一般而言，处于青春期的少年，其心理、生理尚未成熟，大都具有实施非行的危险，但是如果将所有的少年纳入少年司法的管辖范围之内，加以处分，则极易造成对少年权利的侵害。因此，只有对具有非行行为的少年，才能施以少年法中的各项处分。这可以说是保护处分法定原则在少年司法制度中的某种具体体现。但是，少年司法中的非行事实和处遇的关系并不像普通刑事

① ［日］西原春夫主编：《日本刑事法的重要问题》，金光旭等译，中国法律出版社、日本国成文堂联合出版2000年版，第175页。

司法制度中犯罪和刑罚之间是相对应的关系。虽然查明少年的非行事实，是对少年施以处遇的前提，但少年具有非行事实，却并不一定要对少年施以处遇，要对少年施以处遇，还需查明少年是否具备要保护性。

二、要保护性

最早提出要保护性概念的，是日本法官裾分一立，后由法官平井哲雄加以发展，要保护性成为一个法律化的概念。平井哲雄认为，要保护性由以下要素构成：第一个要素是再犯的危险性；第二个要素为处分收效的可能性；第三个要素是处分的相当性。除此之外，少年法学界普遍认为，处分的必要性也是要保护性的要素之一。[①]

1. 再犯的危险性

再犯的危险性是指少年再次实施非行的可能性，这是要保护性的核心内容，如果少年不具备再犯的危险性，就没有必要对少年施以处分。在判断少年是否具有再犯的危险性时，要根据少年非行的事实及严重程度、非行的原因和动机、初次非行时的年龄、有无前科、生理及心理的发展情况、家庭的管教能力、有无职业、有无与不良人员交往、学校的生活、学习状况及家庭的生活环境等各方面因素予以综合考虑。

---

① 林清祥著：《少年事件处理法研究》，台湾五南图书出版公司，第163页。

2. 处分的必要性

处分的必要性是指虽然有再犯的危险性，但这种危险性如果在案件的审理过程中，通过种种手段能够去除，那么就没有必要再对少年施以保护处分，否则即具备处分的必要性。查明处分的必要性，是一件相当困难的事情。

3. 处分收效的可能性

处分收效的可能性是指通过对非行少年施以保护处分，即可去除少年再次实施非行的可能性，能够使其健康成长，则可以认为保护处分收到了预期的效果。一般而言，由于少年具有较大的可塑性，对少年施以保护处分，都可以达到这种效果。但也存在例外，例如少年具有精神障碍，对其适用保护处分就无法达到预期效果，在这种情况下，就不具备对少年适用保护处分收效的可能性。

4. 处分的相当性

处分的相当性是指少年所实施的非行是刑法规定较为严重的行为，对少年施以保护处分已经无法达到教育保护少年的目的，因而按照法律规定应当施以刑事处分，即少年的非行事实导致的后果为法律所规定的刑事处分，此时，则不具备处分的相当性。

对于要保护性，也有学者认为，应从如下三个方面予以考虑。①累次违法行为性。这要对照非行少年生长的环境、性格，其将来有再次实施违法行为的危险性。②矫正可能性。通过施加基于保护处分的矫正教育，有消除少年犯罪危险性的可能性。③保护相当性。就少年处遇而言，保护处分是最有效、最适当的手段。[1]

尽管对要保护性的具体内容学者们表述略有不同，但可以看出，在少年罪错案件的审判过程中，要保护性是对少年施以保护处分的要件之一。除了要对非行事实是否存在进行审理之外，还要对要保护性进行审理，即使少年实施了非行事实，但如果少年没有将来再次实施违法行为的可能性，那也没有必要施以保护处分。因此，在审判对象上，少年司法制度和成年人行使司法制度存在重大不同。

第四节 我国少年审判组织的建设与完善

事实上，我国一些地方已经设立了少年法庭，在少年法庭这一总括性概念之下，先后产生了少年刑事案件合议庭、少年刑事案件审判庭、少年案件综合审判庭及少年案件指定管辖审判庭四种具体的形式。

少年刑事案件合议庭，简称少年合议庭，是在人民法院刑事审判庭内，确定一名或若干名审判人员，并特邀若干名陪审员，为专门审理少年刑事案件而设立的合议庭。少年合议庭于1984年11月由上海市长宁区法院首创，因

---

① ［日］川出敏裕著：《刑事政策》，金光旭等译，中国政法大学出版社2016年版，第270页。

而一般称为“长宁模式”，是纯刑事性的少年法庭，仅受理少年刑事案件。少年合议庭是附设于刑事审判庭内的一个专门合议庭。基层法院的少年合议庭一般由一名专职审判人员和一名书记员加若干特邀陪审员构成，中级、高级人民法院一般由多名审判人员加若干陪审员构成。由于这种合议庭的设立程序较为简单，得到了最高人民法院的肯定并推广。

少年刑事案件审判庭，简称少年刑庭，是在少年刑事案件合议庭的基础发展起来的。1988 年 7 月，上海长宁区法院为使少年审判工作进一步专业化、制度化，将少年合议庭从刑事审判庭中分离了出来，成立了与其他业务庭同等建制的少年刑事案件审判庭，而其受案范围仍然是少年刑事案件。由于少年刑庭具有相对的稳定性和专业性，审理力量相对较强，因而为全国各地的法院所仿效，曾一度成为少年审判的主要形式。

少年案件综合审判庭，简称少年综合庭。少年案件综合审判庭是我国《未成年人保护法》颁布后，由江苏常州市天宁区法院首创，因而称为“天宁模式”。这种类型的少年法庭，其特征在于受案范围不仅仅局限于少年刑事案件，而是把涉及未成年人的民事、行政案件甚至是经济案件都纳入少年综合庭的管辖范围之内，从而大大拓展了少年法庭的工作领域。实践中，各地综合庭的受案范围并不相同，除了少年刑事案件外，较有代表性的做法是还受理以下几类案件：教唆未成年人犯罪的案件；虐待或遗弃未成年人的刑事案件；强奸少女或奸淫幼女的案件；未成年人不服治安处罚诉诸人民法院的行政案件；当事人双方或一方为未成人的侵害案件；当事人为未成年人或当事人有未成人的继承案件；抚养（包括变更抚育关系）案件；解除收养关系案件；涉及未成年子女权益的离婚案件等。[①]

少年案件指定管辖审判庭，简称少年指定管辖庭，是指由上级法院根据少年审判工作的需要，依照刑事诉讼法及有关司法解释的规定，将周边若干区域的少年案件指定给某一基层法院集中审理而设立的专门审判庭。这种类型的少年案件审判庭由江苏省高级人民法院提出创意，并于1998 年 5 月在连云港市的新浦、海州两区基层法院开设创立，因而又称为“连云港模式”。其受案范围各地情况不一，有的限于少年刑事案件，也有的与少年综合庭类似。

不可否认，各种少年法庭在我国的建立，考虑到了少年犯罪的一些特殊情况，部分适应了犯罪少年群体对司法制度的特殊要求。实践也证明，在犯罪预防的过程中，少年法庭一些有针对性的做法在少年犯罪的综合治理中，也收到了显著效果。据一些省市法院的统计，经过少年法庭审判的少年罪犯，重新犯罪的大约在 5% 以下，有的才2% 左右。宣告缓刑的重新犯罪率在 2% 以下。绝大多数犯

---

① 姚建龙著：《长大成人：少年司法制度建构》，中国人民公安大学出版社 2003 年版，第 97 页。

罪少年都被教育挽救了过来。[①] 另据统计，1996 年以来，罪错少年犯重新犯罪的占全部少年犯总数的 0.37%，1997 年占 0.34%，而一些地方几年来所判处的少年犯重新犯罪率一直在 0.1% 以下，这些数据说明了各地少年法庭在矫治少年犯罪、减少少年重新犯罪方面取得了明显的成效和良好的社会效果。[②] 少年法庭的司法实践为我国少年司法制度的建立提供了丰富的实践经验。

从少年司法制度的发展历史来看，少年审判组织尤其是少年法院的建立有着非常重要的意义，是少年司法制度产生的标志之一。在建立我国少年司法制度的过程中，少年审判组织的创设同样是必不可少的。如果没有少年审判组织，就不会有少年司法制度。这个问题已经引起了我国很多学者相当程度的注意，也有不少学者主张我国应当在条件具备的地方设立少年法院，并对设立少年法院的必要性、可行性、法律依据、受案范围等问题进行了探讨。应当说，这些探讨对我国少年司法制度的建立是极为有益的。

笔者认为，从我国目前的情况看，设置独立少年法院的时机尚不成熟，在普通法院内设置少年法庭或者在刑事审判庭内部设立独立的少年审判合议庭是一个比较可行的做法。一方面，这是因为，当前从整体上看，我国少年犯

① 郭翔：“中国大陆少年犯罪和少年司法制度”，载《青少年犯罪研究》，1996 年第 1 期。

② 辛志宏：“功在当代，利在千秋——全国法院第四次少年法庭工作会议在蓉召开”，载《人民司法》，1998 年第 9 期。

罪是一个下降的趋势。“目前我国未成年人犯罪数量的增长势头得到了有效遏制。据我国统计局发布的人民法院判处的未成年犯的数据看，从2000年至2008年快速增长，从2000年的41709人上升到2008年的88891人，从2009年开始未成年人犯罪占刑事犯罪的比例持续下降，未成年人犯罪人数呈现逐年递减趋势，未成年人犯罪人数从2009年的77604人下降到2016年的35743人，平均每年递减10.76%。”[①] 这种未成年人犯罪下降的趋势使得各地的少年法庭尤其是独立的少年法庭出现了人多案少的局面。而另一方面，各地法院刑事审判庭又面临着员额法官数量不足而案件数量庞大的情形。这就不可避免地导致少年法庭和刑事审判庭在审理案件数量方面的冲突，并进而引发工作业绩考核、职务晋升、工作量差异过大等诸多问题。加之，在应对少年犯罪的过程中，公安机关和检察机关在侦办案件过程中，针对案件的不同情况，采取诸如不起诉等方式将部分少年犯罪排除出刑事司法程序，使得案件无法到达法院进入审判程序，因而少年法庭审理案件的数量进一步减少，工作陷入进退维谷的境地。各地少年法庭因而均较大程度地出现了要么裁撤要么并入刑事审判庭的情形。笔者认为，如果符合刑事诉讼法规定的条件，将少年犯罪人在审查起诉阶段就从刑事诉讼程序予以排除，这是

---

① 路琦等：“2017年我国未成年人犯罪研究报告——基于未成年犯与其他群体的比较研究”，载《青少年犯罪问题》，2018年第6期。

有利于少年的健康成长的，也符合少年司法的基本理念。但是，仅仅因为案件数量减少就对少年法庭进行裁撤或者合并的做法却不可取。这是因为，独立的少年审判组织是少年司法制度的重要标志之一，不能因为少年犯罪的数量减少，就将少年法庭予以裁撤。从其他国家或地区的经验和现实来看，对少年犯罪进行单独处理，独立的少年司法制度是建立在对少年本身独立性的认识基础上，是司法制度的重大发展，而且被证明是行之有效的制度设计。如果少年法庭不复存在，在某种程度上可以说意味着倒退，也不利于少年犯罪的预防和控制。况且，少年犯罪数量的下降或许只是一个阶段性现象，在未来，少年犯罪也有可能重新出现上涨的趋势。不能因为仅仅因为少年犯罪数量的暂时下降就忽视少年法庭的重要意义。因此，即使要对少年法庭进行一定程度的改革，其底线也应是至多将少年法庭与刑事审判庭合并，从而保留少年合议庭，使其成为构成少年司法制度不可缺少的一个组成部分。

不过，建立充分适应少年案件的特殊的少年审判组织固然意义重大，但更重要的是，我们应当认识到少年审判组织仅仅是少年司法制度应有内涵的一个方面。在构建我国少年司法制度的过程中，无论我们最终选择设置独立少年法院还是在普通法院中设立少年法庭甚至是设立家事法院作为少年非行的审判机构，如果仅仅停留于少年审判组织的建立上，而不对少年审判组织所应当遵循的实体性规则和程序性规则进行探讨，也就是说，即使我们设立了少年审判组织，但这种组织审理少年案件依然适用的是成年人刑事法律，而没有保护性的处遇和保护性的程序，那么，这种少年审判组织就会变成一个空壳而无法发挥它在少年司法制度中应有的作用。这种少年审判组织只能是徒有其名。

在建立和完善我国的少年审判组织的过程中，另一个问题是我们对少年审判组织的独立性问题要有足够的重视，真正做到少年审判组织能够独立地对少年案件作出裁判，在少年审判组织依法对少年案件进行裁判的过程中，排除其他国家机关和个人的干涉，而且，在少年法官对少年案件时作出司法裁判时只依据少年法的实体性规则和程序性规则，而不受其他机关、个人甚至是同一少年审判组织其他法官的干涉，这需要建立一系列的制度对此予以保障。否则，少年司法制度作为司法制度的权利保障功能就无法实现，少年审判组织的建立就有可能失去意义。当然，这面临着很多现实的困难。

第七章

舍弃管辖

第一节　舍弃管辖的概念

在少年司法制度中，由于奉行保护处分优先主义的原则，对少年应当首先考虑适用保护处分，但在一些具体情况下，对少年适用保护处分无法达到教育保护少年的目的，也就是说，保护处分的作用有其极限。在这种情况下，刑事处分就是必要的，少年司法制度并未完全舍弃刑事处分。之所以在少年司法中依然保留刑事处分，是因为少年实施的行为有时会给社会造成极大危害，也会给被害人造成莫大损失，同时，罪错少年有可能表现出较大恶性，此时，如果对罪错少年施以保护处分，一味强调对罪错少年的教育保护，就有可能无法达到保卫社会的目的，也无法对被害人予以安抚。在这种情形下，对少年施以刑事处分就有必要。但是，刑事处分依然是最后的选择，只有在保护处分无法达到预期效果时，才能考虑对少年适用刑事处分。对少年是否按照普通刑事诉讼程序而施以刑事处分，刑事程序是否启动等，取决于少年法院舍弃管辖权的行使，或者直接取决于立法规定。对美国少年司法制度中的舍弃管辖制度和日本少年司法制度、我国台湾地区中的先议权制度进行探讨有助于我们正确地理解这个问题。

在美国，舍弃管辖是指通过少年法院的审理或者立法的直接规定等途径，将少年罪错案件移送有管辖权的刑事法庭进行审理。换言之，就是少年法院放弃了对少年罪错的管辖权，不再对少年罪错进行审理。在《日本少年法》中，与美国舍弃管辖概念相类似的概念是先议权，是指在家庭裁判所对少年案件进行审理后，认为对涉案少年不是科处保护处分，而是科处刑罚更为合适的情况下，可以依决定将案件移送检察官，这也被称作“逆送决定”。《日本少年法》中，究竟是对少年施以保护处分还是刑事处分，少年法官享有优先决定的权力，这种权力即为先议权。

第二节　舍弃管辖的立法例

一、美国

在美国，大多数州的少年法院对违反刑法的 18 岁以下少年行使初始性、排他性的管辖权。但是这种排他性的管辖权可以通过某种途径予以放弃，并将少年移送至普通刑事法院，此即舍弃管辖。在美国，由于各州的法律规定不尽相同，对于舍弃管辖主要有三种途径。一是通过审判的舍弃管辖，即允许少年法院法官在进行了旨在判定某少年是否具有可矫治性或对公众的危险性的审判之后，予以舍弃管辖。二是立法之罪行排除，即立法机构可以通过排除严重犯罪的简单方式来划定少年法院的管辖范围，而无需审判。三是检察官直接起诉，即少年法院和刑事法院享有共同管辖权，且检察机关可以直接起诉，即就严重犯罪的少年向二者的任何一个予以起诉，而无须经过对其指控罪行或法庭选择决定的任何司法审查。[①]

就通过审判的舍弃管辖而言，采用此种方式舍弃管辖的少年法院在受理少年案件后，应当开始保护程序对少年案件进行审理，对少年宣告一定的保护处分。但是，在保护程序终结时，少年法院可以依少年的申请或者依职权，在认为将少年案件移送普通刑事法院审理更为适当时，可以裁定将案件移送普通刑事法院。一旦案件移送普通刑事法院，就完全按照普通刑事诉讼程序进行审理。这种程序即为“移转管辖”（Transfer of jurisdiction）或者“舍弃管辖”（Waiver of jurisdiction）。因此，在美国，普通刑事程序的启动依赖于“移转管辖”或“舍弃管辖”裁定的作出，而是否作出“移转管辖”或“舍弃管辖”的裁定，则需要首先经过保护程序的审理。在这一审理过程中，是否将案件移送普通刑事法院，少年法院享有最终的决定权，这种权力被称为“舍弃管辖权”或“移送管辖权”。

对于哪些少年案件可以作出移转管辖的裁定而将其移送至普通刑事法院，美国各州规定不尽相同。大致而言，主要的依据是少年的年龄（Age）和罪行（Offence）。年龄一般在13~18岁，而罪行一般仅限于重罪。例如，按照纽约家事法院法（Family court law）、美国刑法（Penal

---

① ［美］巴里著：《少年司法制度》（第二版），高维俭等译，中国人民公安大学出版社2011年版，第150页。

law）以及美国刑事诉讼法（Criminal procedure law）的规定，少年在犯罪时，年龄在13～15岁，如果所犯罪行为二级谋杀罪，则应当移转于普通刑事法院；年龄在14～15岁，如果所犯罪行为一级绑票罪、一级纵火罪、一级伤害罪、一级强奸罪、一级猥亵罪、一级侵入住宅窃盗罪及一级强盗罪，应将案件移转至普通刑事法院。美国总统执法与司法委员会（President's Commission on Law Enforcement and Administration of Justice）在1967年提出的报告中发现，各法院在决定移转管辖时，主要考虑少年所犯罪行的严重程度以及少年有无前科这两项因素。除此之外，少年在犯罪时的恶性、强度、预谋及故意等形态；少年的生理、心理等状态；普通法院有无更有效的矫治设施；证据是否确凿；少年是否宜于较长时间的监禁；少年的共犯是否在成人法院也被控犯同一罪行；移转管辖是否使民众遵守法律等也是少年法院决定是否移转管辖时要考虑的因素。[①]

对于在满足怎样的实质性标准，少年法院的法官可以自由决定对少年舍弃管辖，美国联邦最高法院在肯特案中，附加了一个关于实质判断的标准，供法官在作出裁决时参考：其罪行符合成文法的规定……如果其具有起诉的法律理由，且如果其恶性极大或具有某种加重情节；抑

---

① 林清祥著：《少年事件处理法研究》，台湾五南图书出版公司1987年版，第154页。

或，如果其显现出某种再犯的模式，即表明该少年可能无法通过少年法院的司法程序得以康复，即便其不太严重；抑或，如果公众需要获得相应的保护，则该少年案件将被放弃管辖。少年法院法官在决定是否对此罪行放弃其管辖权时，将对如下的决定因素进行考虑：①被指控罪行之社会危害性之严重程度，以及为保护社会是否需要放弃管辖；②被指控之罪行是否为攻击性的、暴力性的、预谋性的或者故意的；③被指控之罪行是否为侵犯人身或侵犯财产，尤其是那些侵犯人身且造成人身伤害后果的罪行；④控方起诉的法律理由，例如，是否有证据令大陪审团有望对少年作出有罪裁决；⑤该少年之同案犯为成年人，且对整个案件在同一法院中的审理与处置有此需要；⑥通过考察少年家庭、环境状况、情感态度倾向以及生活方式，该少年被判定为具有老练性和成熟性；⑦该少年的前科和成长史，包括先前与少年援助部门、其他法律执行部门、少年法院以及其他具有司法管辖权的部门的接触，或者先前受过少年机构的监禁；⑧对公众予以充分保护以及该少年予以合理矫治之可能性之展望（如果其被判定为犯有被指控之罪行）——通过应用当前少年法院可资获取的程序、服务和设施。[1] 在符合这些实质性条件的情形下，少年法院的法官就可以自由裁量作出是否舍弃管辖的裁决。

---

① ［美］巴里著：《少年司法制度》（第二版），高维俭等译，中国人民公安大学出版社2011年版，第156页。

一般认为，由少年法院对少年施以保护处分，对少年来说是一种有利的裁决结果，但是经移转管辖后，少年则面临刑事处分的危险，因此，移转管辖对少年的利益影响重大。不仅如此，是否舍弃管辖的决定还涉及关于少年犯罪人在事实方面的争议。通过舍弃管辖决定导致少年法院保护的丧失，是一个意义非常重大的行动。因此，对少年作出移转管辖的裁定除了应当满足年龄和罪行等方面的条件外，还应当经过一定的特别审理程序，这些程序包含以下几项内容：①少年有权请律师辩护，并享有反对自我归罪的权利；②舍弃管辖之前，必须经过听证；③律师对法院案件材料有检阅的权利；④少年法院法官必须详细说明舍弃管辖的理由；⑤进行移转管辖审理程序前，必须对少年的品行、性格以及前科、背景等情况加以详细调查。总之，少年法院必须有确切证据，足以证明犯罪事实，然后才能移转。[①] “在我们的法律体系中，不容许在没有仪式——没有法庭审理、没有有效的辩护律师帮助、没有理由陈述的情况下，作出具有如此重大法律后果的结论来。”[②]

就通过立法之罪行排除的舍弃管辖而言，法律明确规定将一定年龄和被指控犯有某种特定罪行的少年排除在少年法院的管辖范围之外。在美国，超过半数的州将某些罪

---

① 林清祥著：《少年事件处理法研究》，台湾五南图书出版公司 1987 年版，第 140 页。

② ［美］巴里著：《少年司法制度》（第二版），高维俭等译，中国人民公安大学出版社 2011 年版，第 155 页。

行排除在少年法院的管辖范围之外，最常见的是较为年长的少年的严重犯罪，例如某些州将被指控犯有谋杀罪、强奸罪或绑架罪的 16 岁以上少年排除在少年法院的管辖范围之外。对于通过立法排除少年法院管辖的少年的最低年龄，各州规定并不相同。

就通过共同管辖与检察官直接起诉的舍弃管辖而言，美国某些州规定了少年法院和刑事法院对特定犯罪的共同管辖权，并赋予了检察官对特定年龄的犯有同样罪行的少年向其中任何一个法院予以直接起诉或指控的自主裁量权。在这种情形下，检察官经过判断，只要确信少年犯有某种特定罪行的合理根据及该罪行居于共同管辖的范围之内，就可以自主决定是向少年法院还是刑事法院提出指控。

二、日本

在日本，如果满足少年法规定的条件，需要对少年适用刑事处分，一般由家庭裁判所在保护程序终结时，作出将案件移送至有管辖权的检察机关的裁定，并由检察机关按照普通刑事程序，再向家庭裁判所提起刑事诉讼，由家庭裁判所按照刑事诉讼法的规定，对少年案件进行审理。家庭裁判所根据认定的事实，对少年宣告一定的刑事处分，或者按照普通刑事诉讼法的规定，对案件作出其他裁决。因此，和美国由普通刑事法院审理少年刑事案件不同，日本审理少年刑事案件的依然是家庭裁判所，家庭裁判所适用的程序是普通刑事程序。这和美国的由普通刑事法院审理少年刑事案件有所区别。

《日本少年法》第20条规定："家庭裁判所进行调查的结果，对犯有相当于死刑、惩役或监禁的案件，按照犯罪的性质和情节，认为应给予刑事处分，必须作出决定将案件移送于有管辖权的地方裁判所相对应的检察厅的检察官。但是，移送时还不满14岁的少年案件，不得移送给检察官。"根据这一规定，日本家庭裁判所将案件移送于检察官的条件为：①少年犯罪行为相当于死刑、惩役或监禁；②按照犯罪的性质和情节，认为应当给予刑事处分；③在移送案件时，少年已年满14岁，即对不满14岁的少年绝对不能适用刑事处分。其中条件①中少年犯罪行为相当于死刑、惩役或监禁被认为是形式上的要件，而条件②按照犯罪的性质和情节，认为应当给予刑事处分被认为是实质要件。究竟怎样理解"应当给予刑事处分"，法律并未做明确规定，而由少年法官自由裁量。如果少年法官认为对少年施以刑事处分"不应当"，则可以不移送案件，直接对少年作出保护处分的宣告。也就是说，对少年是施以保护处分还是刑事处分，家庭裁判所有优先决定的权利。这种权利被称为先议权。在司法实务中，移送的案件多数是重大、情节严重的犯罪，例如杀人等严重犯罪，对此类犯罪，综合考虑犯罪性质、情节的严重性、被害人的感情、社会危害性，处以刑事处分较为恰当。另外，对处以罚金刑的案件，从处分的效果上看，施以刑事处分能够收到较好效果，因此应当选择刑事处分，例如违反交通道路法犯罪和业务上的过失犯罪等。[①]

三、我国台湾地区

我国台湾地区“少年事件处理法”第27条第1款规定：“少年法院依调查之结果，认少年触犯刑罚法律，且有下列情形之一者，应以裁定移送于有管辖权之法院检察署检察官：①犯最轻本刑为5年以上有期徒刑者；②事件系属后已满20岁者。”同条第2款规定：“除前项情形外，少年法院依调查之结果，认犯罪情节重大，参酌其品行、性格、经历等情状，以受刑事处分为适当者，得以裁定移送于有管辖权之检察署检察官。”同条第3款规定：“前两项情形，于少年不满14岁者，不适用之。”

从以上规定可以看出，我国台湾地区将少年案件移送检察机关的情形和《日本少年法》的规定相比，略为复杂，有两种具体情况，一种为“应当移送”的情形，一种为“得移送”的情形。前一种情形和《日本少年法》的规定不同，而后一种则和《日本少年法》的规定基本相同，少年法院对是否移送案件享有先议权。比较而言，《日本少年法》的规定更加符合少年司法制度的基本理念，而我国台湾地区“应当移送”的情形则显得有些僵化。

尽管美国的少年刑事案件由普通刑事法院审理，日本的少年刑事案件、我国台湾地区由少年法院审理，但在刑

---

① ［日］西原春夫主编：《日本刑事法的重要问题》，金光旭等译，中国法律出版社、日本国成文堂联合出版2000年版，第171页。

事程序的启动方面美国与日本、我国台湾地区则表现出一定的相同性：在美国，刑事程序的启动取决于少年法院是否舍弃管辖权，是否作出舍弃管辖的裁定。在日本和我国台湾地区，刑事程序的启动也依赖于少年法院的先议权，只有少年法院作出移送案件的裁定，刑事程序才能启动，而这种移送案件裁定的作出是保护程序的一个内容。可见，在这些国家和地区的少年司法制度中，刑事程序的启动是由保护程序决定的。这是少年司法制度在程序性方面的一个重要特征。

第三节　我国少年审判组织舍弃管辖权的确立

在奉行保护处分优先主义原则的少年司法制度中，无论少年犯有何种罪行，都应首先考虑适用具有教育保护性的保护处分，这是少年司法制度基本理念的要求。但是，在特定情形下，对少年施以保护处分反而不利于少年的健康成长，也不利于保护社会和安抚被害人，因此刑事处分有存在的必要。

在我国，由于没有保护处分和保护程序，在构建少年司法的过程中，在划定少年罪错的范围、设计出科学合理的保护处分体系之后，在保护程序中应当赋予少年审判组织舍弃管辖的权力。原则上，少年罪错案件由少年审判组织根据保护程序进行审理，由少年审判组织根据少年罪错的性质、危害、情节以及少年的个人情形，施以不同形式的保护处分。但是，少年审判组织应当具有舍弃管辖的权力，对符合特定条件的较为严重的少年罪犯，少年审判组织可以通过审理，放弃管辖权，而改由根据刑事诉讼法的规定，对少年施以刑事处分。在具体的制度设计上，可以参考《日本少年法》和我国台湾地区“少年事件处理法”的规定，确立少年舍弃管辖的形式和实质条件，在符合这些条件的情形下，由少年审判组织将案件重新移转至检察机关，由检察机关按照刑事诉讼法的规定重新提起诉讼，再由少年审判组织按照刑事诉讼程序进行审理，并最终对少年施以刑事处分。在实质条件的设定上，可将年满 14 周岁不满 16 周岁的少年实施的较为严重的暴力性犯罪，例如故意杀人、故意伤害致人重伤或者死亡、强奸、抢劫、放火、爆炸、绑架等作为舍弃管辖的犯罪类型。需要指出，对少年实施的这些严重的暴力性犯罪，也并不是一定予以舍弃管辖并对其施以刑事处分，经过少年法官的审理，认为没有必要对少年施以刑事处分的，对其也可以施以保护处分。

第四节 我国刑事处分的改革与完善

少年司法制度并未完全放弃刑事处分，在少年审判组织舍弃管辖后，对罪错少年就有适用刑事处分的可能性，但不同国家和地区都对少年适用刑事处分作出了诸多限制。将我国对少年适用刑事处分的相关法律制度与其他国家和地区少年司法制度对刑事处分的规定相比较，就可以发现我国对少年适用刑事处分的法律规定，还有着改革和完善的余地。

一、其他国家和地区少年司法制度对刑事处分的限制

其他国家和地区少年司法制度都对少年适用刑事处分的条件做出了严格限制，这些限制大致包含以下几个方面。

1. 刑事处分适用的原则

（1）刑事处分是最后考虑的对策。

在其他国家和地区少年司法制度中，通行的一项原则是保护处分优先主义，即对罪错少年首先要考虑适用保护处分，只有在保护处分无法奏效时，才考虑适用刑事处分。例如《德国少年法院法》第5条第1项规定，少年法官必须首先考虑适用教育措施，同条第2项规定，教育措施无法奏效时，始得适用拘束措施或刑事处分。《法国少年法》第5条规定，对少年犯必须先考虑适用管教措施，然后考虑训诫手段，无效时再确定刑罚。在少年司法制度中，如果适用保护处分就能够达到教育少年的目的，就不能适用刑事处分。

（2）少年恶性及罪责重大。

在对少年考虑适用刑事处分时，必须斟酌其恶性及刑事责任的重大性。只有在根据少年行为所表现出的恶性及

其责任的重大程度，在适用保护处分无法达到预期的效果，而只有适用刑事处分才能达到对少年的教育效果时，才能对少年宣告刑事处分。考察少年的恶性及其责任的大小是适用刑事处分的重要条件。

（3）综合衡量少年的人格。

在对少年适用刑事处分时，不仅要考虑少年的恶性及其责任的大小，而且要对少年的生活情况、学习情况、所处环境、平素表现等各项因素做出综合观察，对其人格进行衡量，在特别注重少年身心发展状况、始终关注少年的最佳利益的原则下才能对少年宣告刑事处分。

2. 少年刑事处分的种类及期间

在保护处分无法奏效，并结合少年的恶性、刑事责任以及其人格状况，必须对少年适用刑事处分的情况下，不同国家和地区的少年司法制度对少年的刑事处分也与成年人刑事处分存在着很大不同。

（1）限制最高刑。

不同国家和地区的少年司法制度中，对少年适用刑事处分的最高限度做出规定是通行的做法。

绝对不适用死刑。对于少年绝对不适用死刑是大多数国家和地区的一致性做法，如《日本少年法》第 51 条规定，对于不满 18 周岁的少年不能判处死刑；相当于死刑的，判处无期徒刑。《泰国刑法》第 52 条、第 75 条、第 76 条规定，不满 20 周岁的未成年人应当判处死刑的，减为无期徒刑或者 20～50 年有期徒刑。《俄罗斯刑法》也明确规定对少年不能适用死刑。对少年不适用死刑，也是联合国少年刑事司法准则中关于少年刑罚适用的一项基本原则。联合国《儿童权利公约》第 37 条 a 项规定，对未满 18 岁的人所犯罪行不得判处死刑。《联合国少年司法最低限度标准规则》（北京规则）第 17.2 条规定，少年犯任何罪行都不得判处死刑。联合国《公民权利与政治权利国际公约》第 6 条第 5 款规定："对 18 岁以下的人所犯的罪，不得判处死刑。"

（2）限制刑事处分种类及刑期。

在一些国家和地区的少年司法制度中，除了绝对不适用死刑以外，还对少年适用刑事处分的种类作出了规定，排除了一些适用于成人的刑事处分适用于少年。一些国家和地区的少年法明确规定，对少年排除适用无期徒刑、拘役、罚金、剥夺政治权利等刑事处分并对刑期的最高和最低限度做出了规定。例如，根据德国少年法的规定，对少年适用的刑事处分仅限于有期徒刑一种，而不能适用无期徒刑和罚金，[①] 即使适用有期徒刑，对有期徒刑的上限和下限也做出了明确规定，即对于少年的一般触犯刑罚法律的行为，在适用有期徒刑时，最高限度为 5 年，最低限度为 6 个月。对于少年的重大触犯刑事法律、其最高刑度为有期徒刑或无期徒刑的行为，则最高刑度为 10 年。也就

---

① 德国刑法已经废除了死刑和拘役，其刑罚种类仅有有期徒刑、无期徒刑和罚金三种，其中无期徒刑在实务上已经很少适用，所以经常适用的刑罚仅有有期徒刑和罚金两种。

是说，无论少年所触犯的刑罚法律的行为有多么严重，都不能判处重于10年的有期徒刑。我国台湾地区“少年事件处理法”第78条规定，对于少年不得宣告褫夺公权及强制工作。《德国少年法院法》第6条规定，对少年不得科处剥夺担任公职的资格、公开选举权或在公共事务中的选举或表决权。《保加利亚刑法典》第43条规定，对未成年人不得适用没收财产的刑罚。《罗马尼亚刑法典》第109条规定，对未成年人不得适用没收财产等附加刑。

对于少年适用的有期徒刑，之所以要对其最高限度做出明确规定，是出于少年终身前途的考虑，是避免刑罚的报应思想，而着重于教育刑的原则的体现。对少年适用的有期徒刑的最低限度做出规定，其目的则在于避免短期自由刑的弊端。

（3）不定期刑之规定。

不定期刑是指对少年宣告的刑期的最低限度与最高限度做出规定，最低限度与最高限度之间相差若干期间，根据少年执行时的表现而决定其限度，在执行至最低限度后，由执行官在综合考察少年的执行成效后，认为成绩良好，可以达到法律上所要求的良好品行时，即可将少年予以假释。

刑事实证学派所倡导的刑罚个别化是少年司法制度的重要理论基础，对少年宣告不定期刑是刑罚个别化理论在少年司法制度中的体现。美国早在19世纪即在少年司法制度中运用了不定期刑，并将其拓展到成人刑罚领域。

1908年、1922年两届国际监狱会议均一致认为“不定期刑是刑罚个别化与矫正个别化之当然结果而促请各国采行这一制度”。尽管在20世纪60年代以后，不定期刑的理论与实际效果受到了一些学者的批评，但在少年司法制度中，这一制度依然得到了广泛的运用。1910年在美国华盛顿举行的第8届国际监狱会议曾做出决议：“对需要感化且其犯罪系基于其性格情状之犯罪人，尤其少年犯人，不定期刑应为感化制之枢要部分而被适用”①，日本、奥地利等国的少年法中都规定有不定期刑制度。例如《日本少年法》第52条规定：“对于少年处以最高3年以上的有期徒刑或者禁锢时，应于其刑的范围内，决定最高度与最低度，以便宣告。但最低超过5年之刑，应缩短为5年，其最低度不得逾5年，最高度不得逾10年。”

在少年司法制度中，采用不定期刑的理由是，在实务中，少年法官有时无法确定少年恶性究竟有多大以及无法确定对少年判处多长的有期徒刑才能达到对少年的教育效果。因此，对少年宣告不定期刑，可以使少年法官有更大的灵活性，避免因主观判断上的失误而出现错判的情形。同时，对少年适用不定期刑可以促使少年在执行期间勇于改过迁善，如其表现良好，则可以缩短刑期。

① 林清祥著：《少年事件处理法研究》，台湾五南图书出版公司1987年版，第239页。

（4）刑罚之缓科。

刑罚之缓科，指在确定少年刑事责任的基础上，不宣告刑事处分的执行期间，而将少年交付一定期间的保护管束，在此期间，根据少年的表现良好与否，以决定对少年是否宣告刑期。如果少年表现良好，则不宣告少年的刑期，先前做出的刑事处分视为消灭，不再执行；如果少年表现不好，则对少年的刑期作出决定并予以宣告。

（5）放宽缓刑的适用条件。

缓刑是附条件不执行原判刑罚的法律制度。缓刑作为一种刑罚制度最早是在少年司法制度中产生和运用的。由于缓刑具有符合刑罚经济原则、避免罪犯在监狱中交叉感染、促进罪犯的再社会化、符合非监禁化的刑罚发展方向等重大价值，[①] 因而推及适用于成人犯罪，在世界各国、各地区的刑罚制度中都得以广泛运用。时至今日，缓刑制度在少年司法制度中依然有着旺盛的生命力，世界各国的少年司法制度无不强调对少年适用刑事处分时要更为广泛地运用缓刑，并且大都规定对少年的缓刑适用条件要宽于成人犯罪。例如，《奥地利青少年法》规定，对青少年适用缓刑时，无需考虑对其应判处的刑罚。有的国家还规定了强制缓刑制度，例如，《法国少年法》规定，判处 1 年以下刑

---

① 吴宗宪等著：《非监禁刑研究》，中国人民公安大学出版社 2002 年版，第 523—526 页。

罚的少年犯，必须适用缓刑。[1]

（6）放宽假释的适用条件。

假释是附条件将犯罪人予以提前释放的制度。由于在促使犯罪人积极改过自新方面的积极意义，假释制度成为世界各国普遍采用的一种刑罚执行制度。在少年司法制度中，强调对少年的假释，更是各国少年法所共通的一项原则。不仅如此，各国在对少年的假释问题上，其适用条件也相对宽松于对成年犯罪人的假释条件。例如《德国刑法》第 57 条关于成年人假释的规定为：①一般情况下必须执行三分之二之刑期，其所执行的刑期必须超过 2 个月；②如宣告刑为长期自由刑，则于执行二分之一后，且所执行之期间已超过 1 年的，也可获许假释。而《德国少年法院法》第 88 条规定的对少年的假释条件，和成年人的假释条件相比，则相对宽松：①宣告刑为 1 年以上有期徒刑者，于执行三分之一之后即可假释；②宣告刑为 1 年以下者，于受执行 6 个月后即可假释。

（7）前科取消。

前科是指因犯罪受过有罪宣告并被判处刑罚的事实。[2]前科有如“标签”，对少年的重新回归社会和一生的成长都会产生极其不利的影响，“一个负有社会国家原则义务

---

① 范春明著：《少年犯罪刑罚论》，中国方正出版社 1996 年版，第 14 页。

② 喻伟主编：《刑法学专题研究》，武汉大学出版社 1992 年版，第 367 页。

的国家，不能仅满足于对于违法者的处罚，而且还必须考虑到，在刑罚执行完毕后，他能够在社会上重新找到一个适当的位置”①，而对于受过刑事处分的少年，社会更负有让他们更好地回归社会的义务。正如加拿大副检察长鲍勃·克卜兰所说，虽然少年罪犯要对他们的非法行为负责，但施加于他们身上的后果却不能像一般法庭对成年犯所施的那样严厉，因此，一个少年罪犯如果已经结束处罚，而且在一定时间内未再犯罪，其档案就得销毁。因为，当他的表现已经证明值得这样做的时候，就应当给予其重新做人的机会，以保证在法律上承认这个少年没有罪了，他就不会因为犯过罪而面临各种的丧失资格。② 由于前科消灭制度在少年复归社会时的重要意义，世界各国均在其少年法中规定了前科消灭制度。《德国少年法院法》第 97 条规定，在刑罚执行完毕后 2 年或刑罚被免除后，少年法官确信曾被判刑的少年的行为无可挑剔，证实其已具备正派品行时，少年法官可依其职权或经申请宣布消除其前科记录；第 100 条规定，被判处 2 年以下少年刑罚，因刑罚或其余刑在缓刑届满后消灭的，法官应宣布前科记录视为已消除。对于刑事前科记录，由中央记录局负责管理。《德国中央犯罪登记簿和教育登记簿法》第 51 条规

---

① ［德］汉斯·海因里希·耶塞克，托马斯·魏根特著：《德国刑法教科书（总论）》，徐久生译，中国法制出版社 2001 年版，第 1097 页。

② ［加］鲍勃·克卜兰：“少年犯罪法要点”，载《外国青少年犯罪资料》，中国社会科学院青少年研究室 1981 年编印，转引自于志刚著：《刑罚消灭制度研究》，法律出版社 2002 年版，第 719 页。

定："如果判决的记载事项被消除，不得再在法律事务中用前科指责当事人和作不利于当事人的利用。"第53条规定："前科消除后，该曾被判刑人有权在任何人面前、在法院，或经宣誓时称自己未受过处罚，有权不公开作为判决基础的事实真相。"《瑞士联邦刑法典》规定了可以适用于少年犯罪的前科消灭制度，该法第96条第4款规定："被附条件执行刑罚的少年在考验期届满前经受住考验的，审判机关命令注销犯罪记录。"第99条规定："判决生效后经过5年，依本法第91条第2款被安置于教养院的，经过10年，犯罪登记人员应依法注销犯罪记录。如果申请者的行为表现良好，且他已将经官方确定或通过调解确定的损失予以赔偿的，经本人申请，审判机关可命令在刑罚执行2年后，注销犯罪记录；申请人在结束教育处分时已满20岁的，审判机关可将注销期予以缩短。"《日本少年法》第60条第1款规定："因少年时犯罪被判刑并已执行终了，或免于执行的人，在关于人格法律的适用上，在将来，得视为没有受过刑罚处分的人。"

其他国家和地区的少年司法制度中，有关少年前科消灭的条件相比较成人而言，大多比较宽松，体现出一定的特殊性，主要表现在以下几个方面：一是少年犯罪存在的期间比成人缩短，体现了对少年的宽恕；二是申请撤销人多样化，而成人犯罪前科撤销人较为单一；三是在同样的悔改表现下，少年前科提前消灭的时间往往要早于成人；四是通常情况下，对于成年犯罪人是否有实际的悔改表现以及悔改表现的考察与认可，没有特别规定，因而导致对此关注程度的降低，但是对于具有前科的少年而言，则关注其悔改过程和悔改程度的变化，并给予及时的奖励与汇报；五是对于具有前科的成年人，在其提出按时或者提前撤销前科申请时，法官在考察其悔改表现后决定是否撤销前科，裁定的结果包括决定撤销和决定不予撤销两种；但是对于具有前科的少年，为避免前科迟迟不能被撤销的结果出现，往往对于前科的延期撤销存在立法限制，以保护少年犯罪人的合法权益；六是在前科消灭制度上，各国关于少年犯罪的前科消灭，多采用直接抹消的方式。适用于少年的前科消灭与适用于成人的前科消灭不同，它是一种永久性的消灭。由于根本不作犯罪记录，在任何情况下，前科均不存在，也不存在提及前科的例外情况。不作犯罪记录而消灭的前科，并不仅仅是针对民事、行政法律而言，在刑事法律上也是如此。①

二、我国对少年适用刑事处分的改革与完善

由于我国缺乏使少年司法制度得以确立的少年法，少年司法制度在我国并没有真正建立起来。我国目前的情况是，对少年触犯刑罚法律的行为，依然是规定在成人普通刑法之中，比照成年犯罪人从轻或者减轻处罚。这种立法模式不利于少年的健康成长，也相对较为落后。即使是在

① 于志刚著：《刑罚消灭制度研究》，法律出版社2000年版，第719—723页。

普通刑法中，对少年犯罪的规定也比较简单，只有寥寥数条，已经不能适应对有触犯刑罚法律行为少年的教育需要。在制定我国的少年法时，对于少年的刑事处分可做出如下考虑。

1. 确立保护处分优先主义原则

少年法中应明确规定，对于少年触犯刑罚法律的行为，应当首先考虑适用保护处分，只有保护处分无法达到对少年的教育目的时，才能考虑适用刑事处分。

2. 限制法定最高刑

各国、各地区少年司法制度中，对少年绝对不适用死刑是一项基本的原则，然而，对于少年适用刑事处分时，其最高刑应当如何规定，各国情况并不一致，有的规定为无期徒刑；有的规定为最高为一定期间的有期徒刑。我国《刑法》第 49 条规定："犯罪的时候不满 18 周岁的人……不适用死刑。"根据该规定，对犯罪少年既不能适用死刑立即执行，也不能适用死刑缓期 2 年执行，从而确立了对少年犯罪绝对不适用死刑的原则。这一规定和 1979 年刑法所规定的对犯罪少年可以适用死刑缓期 2 年执行相比，是一大进步，应予肯定。但是，根据我国刑法对少年能否适用无期徒刑却有着争议。有学者认为，我国刑法实际上排除了对少年适用无期徒刑，其理由在于，根据我国《刑法》第 49 条的规定，对少年适用的最高刑罚是无期徒刑，而我国《刑法》第 17 条第 3 款规定："已满 14 周岁不满

18 周岁的人犯罪，应当从轻或者减轻处罚。”由于该款属于法定情节，因此，这意味着“对少年犯罪只能在无期徒刑以下量刑”[①]。尽管这种观点有一定道理，但在司法实践中，对少年适用无期徒刑却是屡见不鲜。这种情况表明，我国司法实务界并不认为我国刑法排除了对犯罪少年适用无期徒刑。笔者认为，从少年的健康成长出发，对少年适用无期徒刑并不妥当，因此，在制定我国的少年法时，应当排除对少年适用无期徒刑，如果少年犯有应当判处无期徒刑的罪行时，可判处最高 15 年的有期徒刑。这样，笔者认为对少年适用的刑事处分最高为不超过 15 年的有期徒刑。

3. 限制刑事处分种类

我国的刑罚体系由主刑和附加刑构成。主刑只能独立适用而不能附加适用，包括管制、拘役、有期徒刑、无期徒刑和死刑。附加刑是附加于主刑而适用的刑罚方法，它既可以单独适用，也可以附加于主刑而适用，主要包括罚金、没收财产和剥夺政治权利。在这些刑罚种类中，除了死刑以外，从法律规定上来看，其他的各种刑罚都可以适用于少年犯罪人。笔者认为，一定种类的刑事处分适用于少年，不仅达不到刑罚的效果，而且对少年的健康成长也会产生不利影响，这种状况应当改变，应排除一些刑罚适

---

① 姚建龙著：《长大成人：少年司法制度建构》，中国人民公安大学出版社 2003 年版，第 144 页。

用于少年，这些刑罚包括以下几种。

（1）管制。

管制是对犯罪人不予关押，但限制其一定自由，交由公安机关管束和人民群众监督改造的一种刑罚方法。这种刑罚的特点是保留了刑罚的处罚性，但又不限制犯罪人的人身自由，因而不会对犯罪人的生活、学习造成过多的负面影响。有人认为，管制的这种特征与犯罪少年及少年犯罪的特殊性对少年刑罚特殊性的要求相一致，因而是一种有发展潜力的少年刑罚类型，[①] 但笔者认为，与其对少年适用管制，不如对少年适用一定类型的保护处分，例如保护管束，从效果上来看，适用保护管束完全可以达到与管制相同的效果，达到对少年的教育目的。

（2）拘役。

拘役是短期剥夺犯罪分子的人身自由，就近实行教育改造的刑罚方法，是一种典型的短期自由刑。虽然对短期自由刑是存是废的争论已经有很长的时间，但是短期自由刑存在着诸多弊端却是不争的事实。笔者认为，短期自由刑适用于少年，其弊端表现得更为明显，它既无法达到矫治少年犯罪人的效果，又会给国家的司法资源造成一定程度的浪费，还会给少年的健康成长留下不良的“标签效应”。因此，应当排除对少年适用拘役刑。

---

① 姚建龙著：《长大成人：少年司法制度建构》，中国人民公安大学出版社 2003 年版，第 146 页。

（3）没收财产。

没收财产是将犯罪人的全部或部分财产收归国有的刑罚方法，属于财产刑。由于少年犯罪人大都没有独立的经济收入和来源，对其适用没收财产没有任何实际意义，即使少年有一定的财产，全部没收也会对少年日后的成长带来不利影响。因此，应当排除对少年适用没收财产刑。

（4）罚金。

对于少年能否适用罚金刑，在我国存在着较大的争议。支持对少年适用罚金刑的学者认为，对少年适用罚金至少存在着以下优点：一是符合教育、感化、挽救、改造的司法对策，也符合未成人的心理、生理发育规律；[1] 二是能够让少年被告人建立经济意识，促使其法定代理人履行管教义务，以更好地保护未成年被告人。[2] 而反对对少年适用罚金刑的学者则认为，对少年适用罚金刑，存在着以下弊端：一是违背了罪责自负、不株连他人的原则；二是极有可能在未成年刑事被告人心灵中产生以钱赎刑、以钱赎罪的错误印象，影响其正常的刑罚观念；三是形式上平等，实质上不平等；四是可能引发违法犯罪行为，背离处罚金刑的本意；五是未成年人本身没有经济收入，对犯罪少年适用罚金刑本身没有任何意义；六是对少年被告人

① 吴金鹏：“浅议未成年刑事被告人罚金刑之强化适用”，载《青少年犯罪研究》，2002年第6期。

② 张栋：“少年被告人适用罚金的利与弊”，载《青少年犯罪研究》，2002年第6期。

的触动不大。[①] 也有学者认为应当对少年被告人有限制地适用罚金刑，即对尚无个人财产的少年被告人，不宜单独或附加适用罚金刑，但如果少年已年满 16 周岁而且拥有个人财产其实施经济犯罪，尤其是把个人财产作为犯罪资本时，视案情需要可以对其单独或者附加适用罚金刑。这样既符合罪责自负的原则，也有利于有效地防止其再犯同类性质的罪行。[②] 笔者认为，就我国的情况来看，绝大多数的少年被告人都没有独立的经济来源，对少年适用罚金刑的意义不大。同时，对少年适用罚金刑，也无法达到教育少年的目的。因此，笔者赞同排除对少年适用罚金刑的主张。

（5）剥夺政治权利。

剥夺政治权利是剥夺犯罪人参加国家管理和一定社会政治生活权利的刑罚方法。我国《刑法》第 54 条规定，剥夺政治权利是剥夺公民的下列权利：选举权和被选举权；言论、出版、集会、结社、游行、示威自由的权利；担任国家机关职务的权利；担任国有公司、企业、事业单位和人民团体领导职务的权利。2006 年 1 月，最高人民法院《关于审理未成年人刑事案件具体应用法律若干问题的解释》第 14 条规定：“除刑法规定‘应当’剥夺政治权

① 吴金鹏：“浅议未成年刑事被告人罚金刑之强化适用”，载《青少年犯罪研究》，2002 年第 6 期。

② 赵秉志：“未成年人犯罪的刑事责任问题研究（三）”，载《山东公安专科学校学报》，2001 年第 4 期。

利外，对未成年犯一般不判处附加剥夺政治权利。如果对未成年罪犯判处附加剥夺政治权利的，应当依法从轻判处。”由于少年的特性，实际上对于上述政治权利基本上都没有享有的资格，在实际生活中也基本上没有行使的现实可能性，因而没有现实意义。因此，应排除对少年适用剥夺政治权利刑。

笔者认为，对少年适用的刑事处分应当仅限于有期徒刑，并可以参照国外少年司法制度中的不定期刑制度，将不定期刑引入我国的少年司法制度中来。

4. 放宽缓刑的条件

我国《刑法》第 72 条规定，对于被判处拘役、3 年以下有期徒刑的犯罪分子，根据犯罪分子的犯罪情节和悔罪表现，适用缓刑确实不致再危害社会没有再犯罪危险的，可以宣告缓刑，对其中不满 18 周岁的人，应当宣告缓刑。最高人民法院颁布的《关于审理未成年人刑事案件具体应用法律若干问题的解释》规定：“对未成年罪犯符合刑法第 72 条第 1 款规定的，可以宣告缓刑。如果同时具有下列情形之一，对其适用缓刑确实不致再危害社会的，应当宣告缓刑：（1）初次犯罪；（2）积极退赃或赔偿被害人经济损失；（3）具备监护、帮教条件。”从上述法律规定可以看出，对于少年犯罪人适用缓刑和成年罪犯仅在于“可以”和“应当”的区别，适用条件基本相同。由于最高人民法院《关于审理未成年人刑事案件具体应用法律若干问题的解释》还要求“具备监护、帮教条件”，就此而言，对少年犯罪人适用缓刑的条件甚至还要严于成年罪犯，这种状况对于发挥缓刑对少年犯罪人的教育改造优势相当不利。因而，可以考虑放宽对少年犯罪人的缓刑适用条件，提高适用缓刑的刑期。对相关刑法条文可做如下调整：对少年被告人的宣告刑为不满 5 年有期徒刑，适用缓刑不致再危害社会的，可以宣告缓刑，缓刑的考验期最长不超过 5 年。

5. 放宽假释的条件

我国刑法对少年犯罪人的假释没有做出特别的规定，因此，对于假释的限制性规定，例如累犯以及因故意杀人、爆炸、抢劫、强奸、绑架等暴力性犯罪被判处 10 年以上有期徒刑、无期徒刑的犯罪分子，不得假释；被判处有期徒刑的，必须实际执行原判刑期的二分之一以上，被判无期徒刑的，至少实际执行服满 13 年后，才有可能被假释等规定，同样适用于少年犯罪人。尽管最高人民法院对少年犯罪人的假释做出了一些从宽掌握的规定，但是由于立法上的限制，实际上，少年犯罪人的假释和成年罪犯没有太大的实质性区别。而我国《刑法》第 81 条第 1 款、第 2 款虽然对假释做了特殊情况的规定，却将这种特殊情况下的假释决定权收归最高人民法院，因此大大限制了这种假释实际应用的可能性。因此，我国刑法对于假释的规定是以成年罪犯为模式而做出的，由于没有考虑到少年犯罪人的特殊情况，这种规定在少年司法的实践中就显得十分呆板、机械，不利于调动少年犯罪人的改造积极性和自觉性。笔者认为，对于少年犯罪人的假释条件应当宽于成年罪犯，结合前述笔者对少年犯罪人不适用无期徒刑的主张，对少年犯罪人的假释可做如下调整：对少年犯罪人判处有期徒刑的，实际执行三分之一，适用假释不致危害社会的，可以假释；取消不适用假释的特殊情况对少年犯罪人的适用。

6. 引进刑罚的缓科

刑罚的缓科是一种审判方式，是对少年被告人做出有罪的宣告，但是暂不判处其实际刑罚，而是规定一定的期限，在此期限内对少年被告人进行考察，根据考察情况再做出适当处理的审判方式。这种方式的最大优点在于不将少年被告人监禁起来，从而能够有效地避免监禁给少年被告人带来的不利影响。目前，扩大非监禁刑是世界司法发展的一个重要趋势，“把少年投入监禁机关始终应是万不得已的处理办法”，因此，各国少年司法制度都在寻求有效的代替监禁的处理方式，可以说，刑罚的缓科顺应了这一趋势。应当在构建我国的少年司法制度时考虑引进这种制度。笔者认为，可对我国刑罚的缓科做如下考虑。

适用的对象：对于实施触犯刑罚法律的行为时不满 18 周岁，罪行较轻，认罪态度较好，宣告刑为 3 年以下有期徒刑的少年被告人，可以考虑刑罚的缓科。对于下列少年被告人不宜适用刑罚的缓科：根据少年被告人的行为事实，应当判处缓刑或免于刑事处分的；主观恶性较大，恶习较深的少年被告人；没有监管、帮教条件的少年被告人。

考察的期限：可将对少年被告人的刑罚的缓科的考验期定为1~2年，如果少年在此期间内表现良好，则不再对少年的刑期作出判决；如果少年在此期间内没有明显的悔改表现，可对少年的刑期作出判决。

7. 前科消灭制度

我国《刑法》第100条第1款规定："依法受过刑事处罚的人，在入伍、就业的时候，应当如实向有关单位报告自己曾受过刑事处罚，不得隐瞒。"同条第2款规定："犯罪的时候不满18周岁被判处5年有期徒刑以下刑罚的人，免除前款规定的报告义务。"该条第1款规定了犯罪人的前科报告义务，实际上肯定了前科在我国的存在。而第2款的规定在一定条件下免除了少年犯罪人的前科报告义务。应当说，这一规定是符合少年司法的基本理念的，但是规定得并不彻底，存在着较大不足。对于犯罪时不满18周岁被判处5年以上有期徒刑的少年犯罪人，在入伍、就业时依然负有前科报告义务。而根据《中华人民共和国教师法》《中华人民共和国律师法》《中华人民共和国法官法》等法律法规的规定，对这些有过犯罪前科的人不得担任教师、法官、律师、检察官等，也不能参加相关考试，获取相关资格证书。我国《刑法》第65条、第66条关于累犯的规定等也都是前科对犯罪少年造成的不利影响。这种状况的存在，对犯罪时不满18周岁被判5年以上有期徒刑的犯罪少年的再社会化甚至一生的成长都会造成极其不利的影响。因此，应当建立更为彻底的针对犯罪少年的前科消灭制度。有学者认为，我国针对犯罪少年的前科消灭制度可做如下考虑。对于处刑在 3 年以下有期徒刑或者免除刑罚的少年，其前科自然永久消灭，刑罚执行期间以及刑罚执行完毕以后，均不构成前科。对于处刑在 3 年以上 5 年以下有期徒刑的少年，刑罚执行完毕后 1 年内不再故意犯罪的；处刑在 5 年以上 10 年以下有期徒刑的少年，刑罚执行完毕后 3 年内不再故意犯罪的；处刑在 10 年以上有期徒刑的少年，刑罚执行完毕后 6 年内不再故意犯罪的，其前科自然永久消灭。前科消灭的后果包括有关犯罪记录的销毁，前科报告义务的免除，就学、就业、担任公职等权利不受限制，构成累犯的排除等。[①] 这一主张具有一定合理性。

---

① 姚建龙著：《长大成人：少年司法制度建构》，中国人民公安大学出版社 2003 年版，第 160 页。

结　语

如何应对少年罪错，包括少年实施的触犯刑罚法律的行为和一些严重的违法行为，在一个国家或地区的法律制度下，可以由司法机关用司法裁决的方式予以处理，也可以由行政机关用行政处罚的方式予以应对，还可以由福利机构用一些福利色彩浓厚的措施予以解决。这里存在一个选择问题，这种选择离不开一个国家或地区的现实情况，必须考虑自身现有法律制度和文化传统中的各种有利和不利因素，也要和法律制度所包含的价值追求相契合。笔者认为，建立一整套由司法机关（少年审判组织）按照少年法中独特的实体性和程序性规则处理少年罪错的法律制度，是一个符合我国国情的选择。这种制度即为少年司法制度。少年司法制度能够有效预防和减少少年罪错，也能够最大化地保障罪错少年的各项权利和利益。由行政机关或社会福利机构对少年罪错进行应对，由于其存在各种各样的问题，因而并非是最佳选择。

建立我国的少年司法制度，关键是制定一部能够确立少年司法制度的少年法。这种少年法必须能够为司法机关作出司法裁判提供实体性和程序性规则，具有司法法的性质。没有这种少年司法法，少年司法制度就无法和行政制度、社会福利制度相区分。而制定这样的少年法，其核心又在于明确少年法所包含的基本概念和范畴，否则，少年司法制度就无法和成年人刑事司法制度相区分。

我国少年司法制度的建设已经经历了数十年，既积累了许多经验，也存在着一些问题。这些经验将为我国制定独立的、能够确立少年司法制度的少年法提供可靠的现实基础；而存在的问题，也需要在制定少年法时予以最大化地解决。制定独立的少年法是建立我国少年司法制度的当务之急，明确少年法的核心概念和范畴也非常具有现实意义。

参考文献

著作类

1. 张景然．青少年犯罪学［M］．台湾：台湾巨流出版公司，1993.

2. 张甘妹．刑事政策［M］．台湾：台湾三民书局，1979.

3. 于志刚．刑罚消灭制度研究［M］．北京：法律出版社，2000.

4. 姚建龙．长大成人：少年司法制度建构［M］．北京：中国人民公安大学出版社，2003.

5. 杨一平．司法正义论［M］．北京：法律出版社，1999.

6. 宋冰编．程序、正义与现代化——外国法学家在华演讲录［M］．北京：中国政法大学出版社，1998.

7. 吴宗宪．西方犯罪学［M］．北京：法律出版社，1999.

8. 曲新久．刑法的精神与范畴［M］．北京：中国政法大学出版社，2000.

9. 王牧．犯罪学［M］．吉林：吉林大学出版社，1992.

10. 田宏杰．中国刑法现代化研究［M］．北京：中国方正出版社，2000.

11. 沈银和．中德少年刑法比较研究［M］．台湾：台湾五南图书出版公司，1988.

12. 曲新久．刑事政策的权力分析［M］．北京：中国政法大学出版社，2002.

13. 苗有水．保安处分与中国刑法发展［M］．北京：中国方正出版社，2001.

14. 罗大华，何为民．犯罪心理学［M］．浙江：浙江教育出版社，2002.

15. 刘日安．少年事件处理法论［M］．台湾：台湾三民书局．

16. 刘作揖．少年事件处理法［M］．台湾：台湾三民书局．

17. 张柏峰．中国的司法制度［M］．北京：法律出版社，2000.

18. 刘强编．美国刑事执法的理论与实践［M］．北京：法律出版社，2000.

19. 林清祥．少年事件处理法研究［M］．台湾：台湾五南图书出版公司，1987.

20. 林纪东．少年法概论［M］．台湾：台湾编译馆出版，1972.

21. 林慈幸．《青少年法治教育与犯罪预防》［M］．

台湾：台湾涛石文化事业有限公司.

22. 李海东. 刑法原理入门［M］. 北京：法律出版社，1998.

23. 徐久生. 德语国家的犯罪学研究［M］. 北京：中国法制出版社，1999.

24. 徐久生，庄敬华译. 德国刑法典［M］. 北京：中国法制出版社，2000.

25. 何勤华. 美国法律发达史［M］. 上海：上海人民出版社，1998.

26. 何秉松. 刑法教科书［M］. 北京：中国法制出版社，2000.

27. 刘晓东. 儿童教育新论［M］. 南京：江苏教育出版社，1999.

28. 邓正来，J. C 亚历山大. 国家与市民社会［M］. 北京：中央编译出版社，2002.

29. 张明楷. 刑法格言的展开［M］. 北京：法律出版社，1999.

30. 陈瑞华. 问题与主义之间——刑事诉讼基本问题研究［M］. 北京：中国人民大学出版社，2003.

31. 蔡德辉. 犯罪学——犯罪学理论与犯罪防治［M］. 台湾：台湾五南图书出版公司.

32. 张建伟. 刑事司法：元价值与制度配置［M］. 北京：人民法院出版社，2003.

33. 左卫民，周长军. 刑事诉讼的理念［M］. 北京：

法律出版社，1999.

34. 张远煌．犯罪学原理［M］．北京：法律出版社，2000.

35. 张鸿巍．少年司法通论（第二版）［M］．北京：人民法院出版社，2011.

36. 李伟．少年司法制度［M］．北京：北京大学出版社，2017.

37. 【英】伊丽莎白·劳伦斯．现代教育的起源和发展［M］．纪晓林译．北京：北京语言学院出版社，1992.

38. 【意】菲利．实证派犯罪学［M］．郭建安译．北京：中国人民公安大学出版社，1987.

39. 【意】菲利．犯罪社会学［M］．郭建安译．北京：中国人民公安大学出版社，1990.

40. 【意】贝卡利亚．论犯罪与刑罚［M］．北京：中国大百科全书出版社，1993.

41. 日本筑波大学教育学研究会编，现代教育学基础［M］．钟启权译．上海：上海教育出版社，1986.

42. 【日】泽登俊雄．世界诸国的少年法制［M］．成文堂，1998.

43. 【日】西原春夫．日本刑事法的重要问题［M］．金光旭等译．北京：中国法律出版社、日本国成文堂联合出版，2000.

44. 【日】大谷实．刑事政策学［M］．黎宏译．北京：法律出版社，2000.

45. 【日】川出敏裕．刑事政策［M］．金光旭等译．北京：中国政法大学出版社，2016.

46. 【美】巴里著．少年司法制度（第二版）［M］．高维俭等译．北京：中国人民公安大学出版社，2011.

47. 【美】理查德·扎克斯．西方文明的另类历史［M］．李斯译．海口：海南出版社，2002.

48. 【英】Ronald Blackburn．犯罪行为心理学——理论、研究与实践［M］．吴宗宪、刘邦惠等译．北京：中国轻工业出版社，2000.

49. 【加】鲍勃·克卜兰．少年犯罪法要点［G］．外国青少年犯罪资料．北京：中国社会科学院青少年研究室，1981.

50. 【德】李斯特．刑法教科书［M］．徐久生译．北京：法律出版社，2000.

51. 【德】黑格尔．法哲学原理［M］．范扬、张企泰译．北京：商务印书馆，1996.

52. 【德】汉斯·海因里希·耶塞克，托马斯·魏根特．德国刑法教科书（总论）［M］．徐久生译．北京：中国法制出版社，2000.

论文期刊类

1. 宋英辉，苑宁宁．未成年人罪错行为处置规律研究［J］．中国应用法学研究，2019（2）.

2. 上海市长宁区人民检察院课题组．未成年人罪错行为分类干预体系研究［J］. 青少年犯罪问题，2019（3）.

3. 吴允锋，李舒昂 . 香港少年处遇制度评介及对内地之启示［J］. 青少年犯罪问题，2018（1）.

4. 马丽亚 . 中国未成年人罪错行为司法处遇制度的完善［J］. 云南社会科学，2017（4）.

5. 陈兴良 . 死刑存废之议［J］. 刑事法学（人大报刊复印资料），2003（7）.

6. 陈瑞华 . 司法权的性质［J］. 法学研究，2000（5）.

7. 施奕晖 . 台湾少年事件处理法转向制度的探讨［D］. 台湾：中正大学犯罪防治研究所 .

外文类

1. Sheldon and Eleanor Glueck. Predicting：Delinquency and Crime，SecondPrinting［M］. Cambridge Massachusetts，1960.

2. Larry J. Siegel and Joseph J. Senna. Juvenile Delinquency［M］. West Publishing Company.

3. Debrah L. Mills. Ackowledging the shift in the juvenile court system from rehabilitation to punishment［J］. DePaul LawReview，Spring 1996.

4. Anthony M. Platt，the Child Savers. The Invention of Delinquency［M］. Chicago：University of Chicago Press.

5. Joshua M. Dalton. At the Crossroads of Richmond and Gault：Addressing Media Access to Juvenile Delinquency

Proceedings Through a Functional Analysis Seton Hall Law Review [M]. 1998.

6. Janet Gilbert and Richard Grimm. Applying Therapeutic Principles to a Family-Focused Juvenile Justice Model (Delinquency) [J]. Alabama Law Review , Summer 2001.